여행행복론

여행으로 행복해지다

이 훈
박창환
황영주
공저

(주)백산출판사

이 저서는 2019년 대한민국 교육부와 한국연구재단의 지원을 받아 수행된 연구임(NRF-2019S1A5C2A02082896)

서문

철학에서 행복은 인간이 지향하는 최종목표이다. 행복에 이르는 것은 다양한 과정과 결과의 총합이며, 그중에서도 여행은 인간의 단일행동 중 가장 행복감을 느끼는 활동이다(Van Boven & Gilovich, 2003; Van Boven, 2005; Nicolao, Irwin & Goodman, 2009). 실제로 여행은 계획을 세우는 것만으로도 '기대'라는 요소로 행복감을 증가시킨다(고은지 외, 2017). 여행의 행복감은 여행 전 '설렘'이라는 기대, 여행 중 '새로움, 우연, 즉흥성', 여행 후 '회상'에 의한 행복감과 관련되어 있다(권장욱·이훈, 2016).

여행현상은 급속히 증가하고 있다. 2019년 기준 우리 국민 2,800만 명 이상이 해외여행을 하였고 해외에서도 1,700만 명이 넘는 외래관광객이 한국을 찾았다. UNWTO 발표에 따르면, 2019년 기준 국제관광객 수는 약 15억 명 이상이며, 2030년에는 약 18억 명 이상으로 증가할 것으로 예측하였다. 우리는 많은 사람들이 여행을 경험하는 사회에 살고 있으며, 여행은 더 이상 특별한 이벤트가 아닌 일상 현상이 되었다.

그동안 여행현상에 대한 연구는 관광객 수, 관광수지, 관광서비스 등 지역이나 마케팅 경영 측면의 성과중심 주제가 주도하였고 (Chen, Tsai, Liou, & Hsieh, 2018), 여행경험을 표준화하여 모든 여행자에게 획일화된 체험을 제공하는 것이 품질관리이며 경쟁력이라고 인식되어 왔다(Mansour, Aziz, & Said, 2018).

하지만 인간의 삶과 여행의 관계를 철학적이고 근본적으로 탐구하는 학술적 연구는 상대적으로 부족하였다. 여행은 단일행동 중 가장 인간을 행복하게 만드는 중요한 행위로, 실제 여행경험과 만족은 개인의 삶의 질 향상에 중요한 영향을 미치고 있다(한국문화관광연구원, 2017).

그렇다면 여행경험은 왜 인간의 행복감에 영향을 미치는 것일까? 본 저서는 여행이 인간에게 주는 행복은 무엇인지, 어떤 여행이 인간을 행복하게 하는지, 여행행복의 구성과 담론에 대하여 이야기하고자 한다.

1장 '행복을 꿈꾸는 사회, 행복을 말하다'에서는 행복철학을 정리하고 관련 내용을 여행행복의 기초이론으로 삼고자 한다. 또한, 심리학 분야에서 행복에 접근하는 긍정심리학 이론을 포함하여 행복과 관련된 용어를 정리하고, 행복을 측정하는 다양한 방법들을 설명하고자 한다.

2장 '여행이 일상인 시대, 우리는 왜 여행을 하는가?'에서는 여행현상을 이해하기 위해 여행의 역사와 여행의 동기, 여행제약을 살펴보고 여행행복과 관련된 담론을 설명하고자 한다.

3장 '여행을 통한 행복, 어떤 여행이 행복한가?'에서는 빅데이터 분석을 통해 행복과 여행에 대한 동향을 살펴보고, 여행행복을 설명할 수 있는 다양한 이론을 설명할 것이다.

마지막 4장 '통합된 여행행복모형은 어떻게 구성되는가?'에서는 일반적인 행복모형을 제시하고, 여행행복에 관한 이론을 중심으로 통합적 관점의 여행행복 진화모형을 제시하고자 한다.

이 책은 2019년 대한민국 교육부와 한국연구재단의 지원을 받아 수행된 인문사회연구소 행복여행센터의 결과물이다. 여행행복과 관련된 도서 출판을 추진하는 것은 여행 현상과 본질을 학술적으로 분석하여 여행행복의 이론적 체계를 확장하는 데 기여하려는 시도이다.

여행행복의 구성과 담론을 이해하고 해석하는 『여행행복론』 저서의 구체적인 기획 의도는 다음과 같다. 첫째, 여행행복의 확산과 적용을 위한 교육 역량 강화이다. 본서는 여가/관광학 관련 교과목 커리큘럼 교재로 활용될 수 있다. 학부생과 대학원생의 교육 현장에서 활용될 수 있도록 여행행복의 이론과 연구동향, 주요 쟁점, 향후 연구의 주제 등을 설명하였다.

둘째, 여행과 행복 문제에 대한 융합적 접근과 확대를 통하여 관련 연구를 관광산업에 적용하고, 지속가능한 관광생태계 구축을 도모할 수 있는 기반을 마련하고자 하였다. 본서에서 구축된 다양한 데이터와 지표 등의 활용은 향후 여행행복 관련 연구를 증진시키고, 활용성을 높여 새로운 관광산업 생태계 형성 기반 구축에 큰 역할을 할 수 있을 것이다.

이 책은 한국연구재단의 지원을 통해 한양대학교 관광연구소 행복여행센터 차원에서 출판된 공동작업의 결과물로 연구교수, 공동연구진, 학생연구원 등 다양한 연구자들의 참여와 노고로 본서의 출판이 이루어지게 되었다. 본서의 출판을 위해 오랜 시간 함께 토론하고 준비한 한양대학교 관광연구소 행복여행센터 연구진들에게(박사졸업생 정산설 연구원, 석사졸업생 김수용, 이윤주, 최지원 연구원과 박사과정 김미라, 김용현 연구원, 석사과정 박상희, 이해인 연구원 그리고 연구교수 강주현, 김경배, 김소혜, 송섭규 박사) 깊은 감사의 마음을 전하고자 한다.

차례

I장

행복을 꿈꾸는 사회, 행복을 말하다

1. 행복철학을 말하다
2. 행복을 말하는 용어들
3. 행복은 어떻게 측정할 수 있을까?

1 행복철학을 말하다

1. 철학적 관점(Hedonism & Eudaimonism)

행복은 시대를 넘어 인류가 궁극적으로 추구하는 것이다. 누구나 행복하기를 원하며 행복에 관한 정의를 내리기 위해 고대에서 현재에 이르기까지 수많은 철학자들의 논의가 이어져 왔다. 그들이 던진 공통적인 질문은 인간의 어떤 삶이 좋은 삶인가? 라는 것이다.

철학적 관점에서 행복의 정의는 크게 헤도니즘(Hedonic)과 유다이모니즘(Eudaimonism)으로 구분되어 왔다. 먼저, 헤도니즘은 행복을 쾌락적 관점에서 보는 시각으로 정신적 · 육체적 쾌락의 추구를 통해 행복을 얻는 것을 좋은 삶으로 평가한다. 이는 긍정정서가 높고 근심이 없는 상태(Carefreeness)와 연관이 있으며, 이를 통해 행복을 창출하는 것으로(Huta & Ryan, 2010) 기분이 좋은 정서적 감정을 모두 포함한다.

가. 헤도니즘(Hedonism)

헤도니즘은 고통을 회피하고 최대한의 쾌락이 삶의 목표라고 주장한 그리스 철학자 아리스티포스(Aristippus)로부터 시작되었다(Smith & Diekmann, 2017). 이후 에피쿠로스(Epicurus)학파는 쾌락 자체가 선(善)이라고 주장하며, 최고로 행복한 상태를 아타락시아(Ataraxia)라고 하였다. 이때의 쾌락은 욕망에 대한 적극적인 추구가 아닌 고통으로부터 벗어나는 즐거움이다. 다시 말하면 욕구를 최소화함으로써 고통이 따르지 않는 순수한 상태의 쾌락을 추구하는 것이다.

근대 산업화 시대 제레미 벤담(Jeremy Bentham)의 공리주의는 헤도니즘을 확산시키는 계기가 되었다. 그는 공리성의 원칙(Principle of Utility)을 기반으로 헤도니즘을 이해하였으며 개개인의 행복이 증진된다면 사회구성원의 행복이 극대화된다는 "최대 다수의 최대 행복"을 주장하였다. 특히 쾌락은 양적으로 계산 가능하기 때문에 쾌락과 고통을 비교하여 쾌락의 무게가 큰 경우 선한 행위라고 하였다. 이와 관련하여 행복 계산법(Felicific Calculus)이 탐구되었으며 계산법의 기준은 쾌락, 즐거움의 강도(Intensity), 지속성(Duration), 확실성(Certainty), 원근성(Propinquity), 생산성(Fecundity), 순수성(Purity), 규모(Extent) 등 7가지로 제안되었다.

반면, 존 스튜어트 밀(John Stuart Mill)은 쾌락의 질적 차이를 강조하는 질적 공리주의를 제시하였다. 밀의 질적 공리주의는 도덕성의 기초를 최고선과 동일시하고, 덕을 포함한 인간의 행복을 목적 자체로 인식하는 개념으로 쾌락의 양 정도가 개인의 행복 척도가 아님을 주장한다. 즉, 특정 쾌락이 다른 쾌락에 비하여 더 많고 적은 쾌락을 주는 것이 아니라 서로 다른 쾌락 사이에는 열등함과 우월함이 존재한다는 것이다. 밀은 인간의 행복을 상위의 능력 발휘와 이로 인해 얻는 기쁨으로 정의하고, 자유와 능력의 감정, 인격, 안도감 등 구성요소 간의 조화로 설명한다.

헤도니즘에 기반한 쾌락이 행복의 핵심 개념으로 사용되면서 행복은 즐거움, 편안함, 재미와 같은 모든 즐거운 느낌이나 경험을 포함하는 주관적인 감정 상태로 광범위하게 이해되었다(Huta & Ryan, 2010). 헤도니즘적 접근을 통해 구체화 된 행복의 개념은 다음과 같다.

[표 1-1] 학자별 헤도닉의 정의

구분	주요 내용
Waterman, Schwartz, Zamboanga, Ravert, Williams, Agocha *et al.* (2010)	즐거움과 삶의 만족에 대한 주관적인 경험 (Hedonic enjoyment and Life satisfaction)
Ryff(1989)	삶의 만족과 긍정적 감정과 같은 주관적 경험 (Life satisfaction; Positive affect; Negative affect; Happiness)
Keyes(1998)	삶의 만족, 행복, 긍정적인 감정의 존재로 정서적인 행복(Emotional well-being; Life satisfaction)
Fowers(2012)	높은 긍정정서, 낮은 부정정서, 삶의 만족도가 높은 경험(Experiences of high positive affect, low negative affect, and high life satisfaction)
Ryan & Deci(2001)	쾌락의 삶과 주관적 웰빙(Pleasure; Subjective well-being)

구분	주요 내용
Seligman(2002)	쾌락을 극대화하는 것(Life of pleasure)
Kopperud & Vitterso(2008)	활동이 즐겁거나 행복감을 느끼는 것(Feeling pleasure)
Bauer(2008)	주관적 웰빙의 순수한 개념(Subjective well-being)
Steger, Kashdan & Oishi(2008)	제한이나 규칙 없이 주관적이고 순간에 집중하여 원하는 대로 하는 것(Involving self expression, but within certain constraints)
Huta & Ryan(2010)	즐거움, 편안함을 경험하기 위해 노력하는 것(Striving to experience pleasure, enjoyment, and comfort)
Delle Fave, Massimini & Bassi(2011)	긍정적인 감정과 삶의 만족(Positive emotions and life satisfaction)

자료: Huta & Waterman(2014)을 바탕으로 연구자 재정리.

나. 유다이모니즘(Eudaimonism)

유다이모니즘(Eudaimonism)은 아리스토텔레스(Aristotle)의 '니코마코스 윤리학'으로 시작되었다. 아리스토텔레스는 행복을 '최고선(the chief good)'이며 인간의 삶에 있어서 궁극적인 목적이라고 하였다. 즉, 행복은 덕과 잠재력을 수반하는 인간의 가장 높은 선으로 결과보다는 어떻게 삶을 살아가는지에 대해 고민하는 단순한 행복 이상의 것, 인간의 잠재력을 실현하는 것과 관련이 있다는 것이다.

아리스토텔레스는 쾌락, 명예, 부는 행복의 수단일 뿐 행복의 목적이 아니라고 주장하였고(임정환, 2017), 누구나 배움과 노력을 통해 성취 가능하다고 하였다. 행복한 삶이란 이성에 따르는 유덕한(virtuous) 활동 중의 하나로 이것은 유다이모니아에 이르기 위한 필요 요소이며, 아레테[1] 활동에 수반되는 즐거움은 유다이모니아를 위한 완전한 요소인 것이다.

즉, 유다이모니아는 단순한 감정뿐만 아니라 높은 수준의 덕을 기르는 것이다(Bauer, McAdams & Pals, 2008). 유다이모니즘 관점에서 좋은 삶이란 삶의 의미, 풍요로움이나 복잡성, 통합 등을 모두 포함한다(Bauer *et al.*, 2008). 최근 심리학자들은 행복에 대한 아리스토텔레스의 주장을 쾌락과 정신적 · 사회적 의미의 결합인 유다이모닉 웰빙(Eudaimonic wellbeing)으로 정의한다(Ryan & Deci, 2001).

유다이모니아와 밀접한 관련이 있는 개념은 자율성(autonomy)이다. Ryan & Deci(2001)는 자율성을 의지, 선택 경험을 갖는 것, 가장 높은 수준의 반성에서 자신의 행동을 지지하는 것으로 설명하며 유다이모니아 모델의 근거로 삼은 자기결정론(SDT: Self-Determination) 중 하나의 개념으로 사용한다. Ryff & Singer(2003)는 자율성을 자기결정, 독립, 내부로부터의 행동규제로 규정하여 심리적 행복의 6가지 측면 중 하나로 사용한다. 이는 Ryan *et al.*(2008)의 정의와 부분적으로 교차한다(Deci & Ryan, 2008).

Waterman *et al.*(2008)은 자율성이라는 단어를 직접적으로 사용

[1] 어떤 종류의 탁월성 혹은 도덕적 미덕을 의미하는 그리스어로, 고대 그리스 윤리학에서는 참된 목적이나 개인의 잠재된 가능성의 실현과 관계된 최상의 우수성을 가리킨다(두산백과).

하지는 않지만, 자유로이 선택하는 것으로 정의되는 자기결정론에 대하여 반복적으로 이야기하고 있으며, Ryan *et al.*(2008)의 정의와 비슷한 관점에서 바라본다.

유다이모니아는 단순히 개개인의 행복을 넘어 사회적으로 긍정적인 영향을 준다. Ganglmair-Wooliscroft & Wooliscroft(2016)는 휴가 중 윤리적 행동과 유다이모닉의 영향관계를 연구하였다. 스스로의 한계에 도전하는 장애인의 여행경험은 유다이모닉 웰빙을 경험하는 것으로 나타났으며(Lehto *et al.*, 2018), 정서와 관련이 높은 헤도니아와 달리 유다이모니아는 부정정서와 연관성이 거의 없었고 경험을 통한 의미 획득 및 경험의 향상과 큰 연관성을 보였다(Huta & Ryan, 2010).

또한 템플스테이에 참가한 외국인 21명을 대상으로 행복감을 조사한 결과 해당 경험을 헤도닉이 아닌 유다이모닉 경험으로 인지하는 것으로 나타났다(Bae *et al.*, 2019). Knobloch *et al.*(2017)은 여행활동 중 스카이 다이빙이나 래프팅과 같은 헤도닉 경험이 감정과 연관된 헤도닉적 즐거움보다 유다이모닉 행복에 더 관련이 있음을 밝혔다. 유다이모니아는 사람들이 본질적으로 가치가 있는 목표에 집중한다는 의미에서 내재적 가치를 중요하게 생각하는 삶의 방식이다. 유다이모닉한 삶은 완전하고 의미 있는 삶을 위한 것으로 관련 경험은 삶 전반에 최적화된 행복으로 기여한다.

[표 1-2] 학자별 유다이모닉의 정의

구분	주요 내용
Waterman, Schwartz,, Zamboanga, Ravert, Williams., Agocha *et al.* (2010)	정의: 자아실현 = 잘 사는 삶의 본질 구성요소: 진정성, 삶의 목적 및 의미, 우수성을 추구하기 위한 노력
Ryff(1989)	삶의 실존적 도전에 직면하여 성공하는 것
Fowers(2012)	자체로 가치 있고, 의미 있으며 자신의 가치, 헌신 및 자아정체성과 일치하는 구성적 활동 중심인 삶
Ryan & Deci(2001)	개인성장, 관계, 지역사회 기여 및 신체건강을 포함한 본질적인 목표와 가치를 추구하는 것
Seligman(2002)	자신의 고유한 미덕과 감정을 파악하고 더 큰 선을 위해 사용하는 것
Kopperud & Vitterso(2008)	복잡성, 호기심, 참여, 흐름, 개인적 성장, 능력, 삶의 의미, 목적, 자기실현 및 우수성, 도전과 복잡성을 추구하는 것
Bauer, McAdams & Pals(2008)	개인의 목표와 동기를 통해 자아개발과 성숙해지는 것
Steger, Kashdan & Oishi(2008)	자원봉사나 감사표현과 같이 제약 내에서의 행동이 자기개발로 전환되는 것
Huta & Ryan(2010)	개인의 가치를 활용하고 개발하려는 동기

자료: Huta & Waterman(2014)을 바탕으로 재정리.

다. 헤도니즘과 유다이모니즘 관계

개념을 다시 정리하면 헤도니즘 관점에서 행복은 일반적으로 긍정적 정서의 극대화와 부정적 정서의 최소화로 정의되며, 유다이모니즘 관점에서 행복은 완전하고 깊이 만족하는 삶에 초점을 맞추고 있다(Deci & Ryan, 2008). 헤도닉은 일시적인 행복을 제공하는 것으로 볼 수 있으며, 유다이모닉은 순간적으로는 심리적, 감정적 고통을 동반할 수 있으나 장기적으로는 자아성장을 경험하고, 긍정적인 경험을 제공받을 수 있다(Smith & Diekmann, 2017).

헤도닉은 주로 경험의 관점에서 논의되며, 유다이모닉은 삶의 방향 또는 기능 측면에서 논의된다. 이처럼 헤도닉과 유다이모닉은 상반된 개념이기도 하지만 관련 개념들은 모두 삶의 만족과 연관성이 있다(Huta & Ryan, 2010). 중요한 것은, 헤도니아는 감정 · 기분의 일부로, 유다이모니아는 행위의 관점으로 두 개념이 조화를 이룰 때 행복에 더 크게 영향을 미친다(Huta & Ryan, 2010; Huta & Waterman, 2014).

Waterman *et al.*(2008)은 헤도닉과 유다이모닉 간에 높은 상관관계가 있음을 제시하였다. 다만 유다이모닉이 높게 나타났던 활동은 헤도닉도 높게 나타났지만 헤도닉이 높게 나타났다고 해서 유다이모닉이 높게 나타나지는 않았다. Rahmani *et al.*(2018)은 여행경험을 표현한 데이터베이스를 기반으로 헤도니아와 유다이모니아의 상관성을 밝혀내었다. 국가별 여행객(개인)의 웰빙 상태에 대한 언어적 표현을 빅데이터 텍스트 마이닝 분석으로 도출하여 수치화시킨 결과 헤도니아와 유다이모니아의 증감은 연관성이 있었다. 구체적으로 헤도니아의 증감에 따라 유다이모니아가 통계적으로 유의하게 영향을 받았으며, 같은 방향으로 유의하게 상승하는 결과를 보여주었다.

결과적으로 헤도닉과 유다이모닉은 분리된 개념이 아니며 특정한 여행경험은 두 가지 행복에 모두 영향을 줄 수 있다. Van Boven & Gilovich(2003)의 연구는 물질적 소유를 통한 행복보다, 순수체험을 통한 헤도닉과 유다이모닉 행복지각은 더 오래 지속될 수 있다는 것을 보여준다. 이는 물질적 소비보다 경험적 소비가 행복을 더 극대화시켜 줄 수 있다는 사실을 밝혀냄과 동시에 경험에 대한 헤도닉과 유다이모닉적 행복지각은 상호상승적인 관계라는 것을 알려주는 결과이다.

2. 심리학적 관점

행복에 대한 철학적 논의는 심리학의 영역에서 이어지고 있다. 1990년대 마틴 셀리그만(Martin Seligman)을 중심으로 긍정심리학(positive psychology)이 전파되면서 인간 심리의 긍정적 성격과 감정이 연구되고 있는 것이다. 셀리그만은 여러 행복의 개념 중에서도 '진정한 행복(Authentic Happiness)은 무엇인가?'에 대해 알고자 하였으며 행복에 관한 세 가지 전통적 이론을 바탕으로 관련 개념을 설명한다(Seligman & Royzman, 2003).

가. 행복에 대한 심리학 이론

행복에 관한 전통적 이론은 쾌락주의 이론(Hedonism Theory), 욕구 충족 이론(Desire Theory), 객관적 목록 이론(Objective List Theory)이며, 각 이론은 삶의 전반과 관련이 되어 삶의 판단 기준이 된다.

먼저, 쾌락주의 이론(Hedonism Theory)에서는 행복을 모든 변수들 속에서 주관적 감정이라 주장한다.

공리주의 관점에서 행복한 삶은 기쁨을 최대화시키고 고통을 최소화시키는 것이라 정의하며 일정한 기간 동안 경험한 행복의 총량을 추정한다. 하지만 공리주의 차원에서도 행복의 총량이 삶 전체에서 어떻게 분배되는 것이 좋은지, 삶 전체에서 행복의 의미는 무엇인지 설명하기 어렵다는 한계가 있다. 따라서 쾌락주의를 공리주의 차원에서만 보는 것은 무리이며, 인간 삶의 기쁨, 환희, 열광 등의 가치를 제대로 이해하는 것이 필요하다.

순간적, 즉각적 쾌락이라고 하더라도 기억 속에서 유지될 수 있다. 삶은 합리적, 이성적 과정만이 아닌 경험의 연속이고 강도 높은 체험은 삶에 오랫동안 영향을 미친다. 따라서 현대철학에서 강조하는 우연성에 대한 재고찰은 쾌락주의에 대한 새로운 가치를 인정하려는 시도이다.

욕구 충족 이론(Desire Theory)은 개인이 원하는 것이 무엇인가에 관한 문제를 다루며 욕망의 내용은 욕망을 가진 사람에게 달려있다고 제시한다. 개인이 원하는 욕망이 쾌락을 증대시키고 고통을 감소시키는 것일 때 헤도닉의 개념을 포함하는 것이다. 쾌락주의 이론은 고통에 비해 쾌락이 우세할 경우 행복을 결정하는 요인이 된다고 주장하지만, 욕망 이론은 쾌락의 양과는 관계없이 욕망의 충족이 행복에 기여한다는 주장이다.

객관적 목록 이론(Objective List Theory)에서 행복은, 감정 밖에 있는 것으로 진정으로 가치 있는 것에 의해 좌우되는 것이다. 관련

목록에는 업무 성취, 질병이나 고통으로부터의 자유, 우정, 화목한 부부 관계, 시민정신, 선한 양심 등이 해당된다. 한편, 객관적 목록 이론에 대해 셀리그만과 로이즈만은 어떻게 행복이 우리의 삶을 판단하는지에 대해서는 감정과 욕망이 고려되어야 한다고 주장한다(이훈, 2010). 즉, 행복은 가치 있는 것을 추구하고 성취하는 삶을 구성한다는 것이다. 이러한 개념을 바탕으로 셀리그만은 진정한 행복(authentic happiness)을 언급하였는데, 이는 즐거운 삶(the pleasant life), 좋은 삶(good life), 의미 있는 삶(the meaningful life)의 세 가지를 포함한 개념이다.

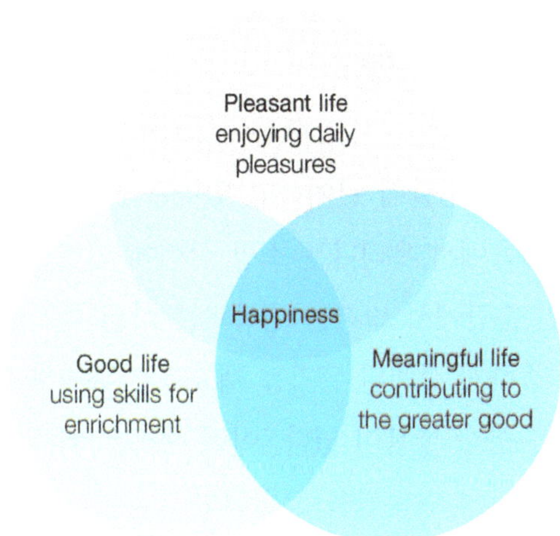

자료: Poulpita(2016).

[그림 1-1] Full Life: Happiness

셀리그만은 행복한 삶(the pleasant life, the good life, the meaningful life)에 대하여 다음과 같이 설명한다(Seligman & Royzman, 2003). 기쁜 삶은 쾌락주의 관점, 좋은 삶은 욕망 이론 관점에 해당하며, 의미 있는 삶은 객관적 목록 이론의 관점으로 접근한다. 쾌락적인 삶과 좋은 삶은 주관적으로 설명되지만, 의미 있는 삶은 다소 객관적인 것으로 단순한 개인의 쾌락이나 욕망과 비교하였을 때 더 크고 가치 있는 것을 말한다.

구체적으로 쾌락적인 순간(the pleasant moment)은 일상에서의 즐거운 마음 상태로 개인의 느낌에 의존하는 주관적인 요소이다. 우리의 감각이나 신체가 좋다고 느끼는 순간들(예: 맛있는 음식을 먹거나, 좋은 음악을 듣는 것)로, 자극적인 행복일 수 있지만 여기에서 얻는 즐거움은 금방 사라질 수 있다.

좋은 순간(the good moment)은 활동이 추구하는 가치와 일맥상통하는 순간이다. 그 순간에 관여하고 있다는 사실, 욕망과 감각을 따르는 선택, 마음에서 우러나는 소망 실현에 의해 나타나는 행복으로 쾌락적인 순간에서 느끼는 행복과는 다른 행복이 나타난다. 예를 들어, 신중하게 선택된 유기농 재료들로 특별한 식사를 준비하여 먹는 것을 통한 행복이 있다. 이런 행복은 외부 세계와 개인의 내면을 연결하여 만족감을 유발한다.

의미 있는 순간(Meaningful moment)은 인간으로서 의미를 찾고 자율적으로 판단하는 유다이모니아적 측면이다. 다른 사람들과 함께 무언가를 깨닫고 자신의 가치에 귀를 기울이는 순간을 의미하는 것으로, 이는 타인이 관여하기 때문에 개인의 가치를 사회와 동일화시킴으로써 큰 행복을 제공한다. 개인을 넘어 주변과 함께 인생의 가치를 나누며, 현재와 미래의 삶을 변화시킬 영향력을 가진 삶이다. 진정한 행복(Authentic Happiness)은 세 가지 행복 기준을 모두 충족시키는 "Full Life"에 해당한다.

하지만 셀리그만은 최근 진정한 행복 이론이 다음과 같은 한계를 가지고 있다고 고백하였다(우문식, 2016).

첫째, 기존 행복이론은 '행복'이라는 말에 내포된 의미가 쾌락적인 기분과 밀접하게 연관될 수밖에 없다는 한계를 갖고 있는데, 행복은 감각적인 즐거움이 유발하는 일시적인 감정 이상의 매우 폭넓은 감정이라는 것이다.

둘째, 행복 측정 기준에 관한 한계이다. 진정한 행복 이론에서는 삶의 만족을 행복의 측정 기준으로 삼았으나 자기기입식 설문조사로 보고된 삶의 만족도는 설문조사를 수행하는 시점의 응답자들 기분에 따라 결정될 수 있다.

셋째로, 진정한 행복 이론은 긍정적인 정서, 몰입, 대상에 대한 쾌락적 가치를 기반으로 선택하는 요소들을 충분히 설명하지 못한다. 이러한 문제점을 인식하고 셀리그만은 새로운 이론을 발표하며 긍정심리학의 주제와 목표를 각각 웰빙(wellbeing)과 플로리시(flourish)로 바꿀 것을 제안하였다(Seligman, 2010).

나. 셀리그만의 플로리시(Flourish)

플로리시(flourish)는 우리의 모든 능력이나 잠재 능력을 발휘하여 번성시키고, 활짝 꽃 피우는 것으로 개인의 지속적인 행복 증진, 기업의 지속적인 성장, 나라의 번성 등을 포괄하는 개념이다(우문식, 2016). 이는 인간이 누릴 수 있는 최고의 삶으로 긍정심리학에서는 행복의 만개라고 표현한다. 플로리시의 어원은 라틴어 "florere"에서 기원되었으며, 13세기 불어 "florris(꽃)"의 의미로 사용되다가 14세기 중반부터 번성, 번영이라는 비유적인 의미가 되었고, 오늘날 "flourish"에 이르게 되었다.

이후, Keyes & Westerhof(2012)는 플로리시를 헤도닉 웰빙과 유다이모닉 웰빙의 다차원적 결합으로 개념화하였고, 이를 기반으로 Fredrickson(2009)은 플로리시를 좋은 감정(feeling good)과 좋은 행동(doing good) 모두를 포함하는 행복 이상의 것이라 묘사하였다. 이들의 정의에 따르면 플로리시는 '인간 기능의 최상의 범위 안에 속하는 삶이며 그러한 삶은 선함, 후진 양성, 욕구, 성장, 회복력 등을 함축하는 삶'이다.

셀리그만을 비롯한 Huppert & So(2009) 등은 플로리시를 좋은 감정(쾌락 등)과 효율적 기능(행복, 웰빙) 등이 결합된 개념이라 제시하였으며, 이들이 결합되었을 때 우울증, 불안 등 정신적 제약(부정적이거나 평탄한 감정, 저하된 기능을 포함하는 상태)의 정반대 상태에 위치할 수 있다고 주장하였다. 즉, 진정한 행복 이론(authentic happiness theory)에서 긍정심리학의 목표가 만족한 삶, 자신의 삶에서 행복 지수를 높이는 것이었다면, 플로리시 이론(flourish theory)에서 긍정심리학의 목표는 플로리시 자체이고, 개인의 삶에서 다차원적으로 플로리시 수치를 높이는 것이다.

셀리그만은 구체적으로, 플로리시의 구성요소를 긍정적 감정(positive emotion), 몰입(engagement), 관계(relationships), 의미(meaning), 성취(accomplishment)로 제시하였고, 이는 실제로 설계가 가능한 것이라 주장하였다. 긍정적 감정은 기쁨, 희열, 따뜻함, 자신감, 낙관 등 우리가 느끼는 것들을 의미하며, 지속적으로 이러한 정서를 이끌어내는 것이 즐거운 삶(pleasant life)이라 지칭하였다.

몰입은 시간 가는 줄 모르고 특정 활동에 빠져든 동안 자각하지 못하는 것, 자발적으로 업무에 헌신하는 것 등을 의미하며, 이러한 요소를 지향하는 삶을 몰입하는 삶(engaged life)으로 설명하였다. 관계는 타인과 함께 하는 삶으로, 이는 좋은 삶(good life)라 하였다. 의미는 자아보다 더 중요하다고 믿는 어떤 것에 소속되어 그곳에 기여하는 것에 기초하며, 인생의 의미와 목적을 추구하는 삶으로 이를 의미 있는 삶(meaningful life)이라 하였다.

마지막으로, 성취는 경쟁의 승리나 물질 추구만이 아니라 성공, 성취, 승리, 정복 등 그 자체가 좋아 그것을 추구하는 것을 말한다. 성취를 위해 업적에 전념하는 삶이 곧 성취하는 삶이며 이러한 요소의 기반이 되는 성격과 감정은 개인이 가지고 있는 심리적 특성으로, 시간과 환경이 바뀌어도 지속적으로 나타나는 특징이 있다. 성격의 강점에는 인간의 좋은 품성과 도덕적인 개념을 갖추고 있어 인성을 함양하는 데 유용하다.

이러한 요인들이 구성하는 행복은 플로리시(flourish)로 정의되는데, 플로리시는 삶이 잘 흘러간다고 인식하는 것으로, 긍정적으로 느끼는 것과 삶이 효과적으로 기능하는 것을 결합한 개념이다. 플로리시 상태에 있는 개인들 즉, 심리적 웰빙 수준이 높은 사람들은 효율적으로 배우고, 생산적으로 일하며, 더 나은 사회적 관계를 형성하고, 커뮤니티에 더 기여하는 경향이 있으며, 더 건강하고 높은 기대 수명을 가지고 있다. 즉, 플로리시는 좋다고 느끼는 것과 효율성 기능을 결합하는 개념으로 높은 수준의 정신건강이라 설명할 수 있다(Huppert & So, 2009).

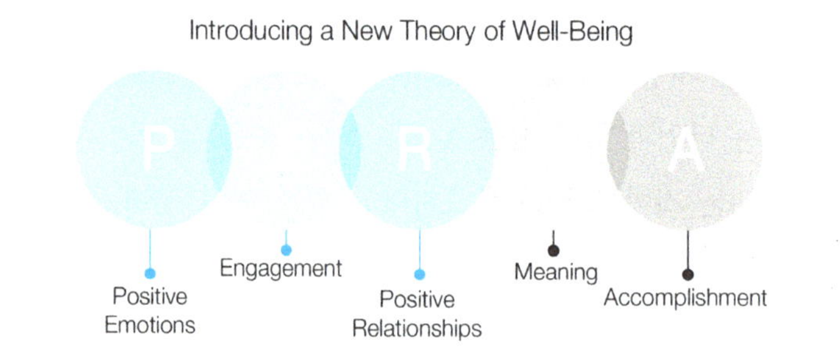

자료: Seligman & Royzman(2003).

[그림 1-2] 셀리그만의 PERMA

정신건강은 불안이나 우울증과 같은 일반적인 정신질환 상태에서 시작하여 다양한 스펙트럼의 형태로 나타날 수 있다. 인구 대부분은 중간 정도의 정신 상태를 가지고 있으며, 삶의 순간마다 개인의 정신 상태는 스펙트럼 상에서 변화될 수 있다. 일반적으로 플로리시는 관련 스펙트럼의 최상단에 이르는 상태를 의미한다 (Huppert & So, 2009).

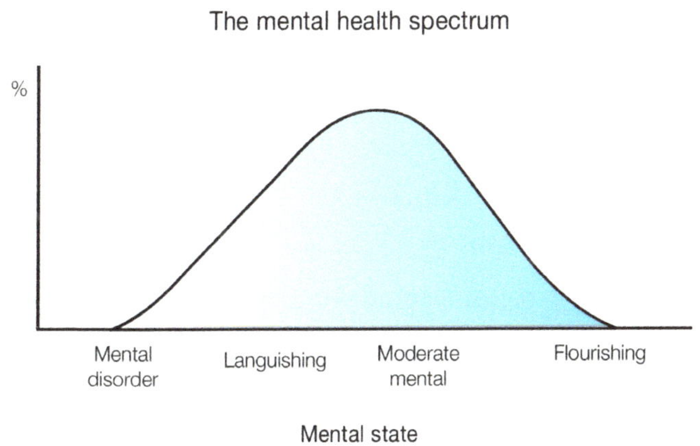

자료: Huppert & So(2009).

[그림 1-3] 셀리그만의 정신건강 스펙트럼

플로리시는 우울증과 불안을 조작적으로 정의하는 DSM(정신 장애 진단 및 통계 편람 - Diagnostic and Statistical Manual of Mental Disorders)과 ICD(국제질병분류 - International Classification of Diseases)와는 반대되는 개념으로 설명되기도 한다. 그러나 이러한 정의는 플로리시의 핵심 요소인 감각의 통제와 타인과의 관계를 다루지 않았으며 식욕과 수면 등 체질도 포함하지 않았다. 이에 Huppert & So(2009)는 플로리시의 핵심 특징으로 다음의 요소들을 제시하였다.

[표 1-3] 플로리시 구성 요인

핵심특징	부가특징
긍정정서(Positive emotion), 몰입(Engagement), 관계(Relationship), 의미(Meaning), 성취(Accomplishment)	자존감(self-esteem), 낙관주의(optimism) 회복력(resilience), 활력(vitality), 자기결정(self-determination), 긍정적 관계(positive relationships)

플로리시를 측정하는 것은 삶의 만족(life satisfaction)을 측정하는 것과 종종 비교된다. 삶의 만족은 주관적 웰빙(subjective wellbeing)을 측정할 때 자주 활용되며, 개별 항목으로 측정된다(Huppert & So, 2009). 하지만, 삶의 만족 측정과 플로리시 측정을 비교하였을 때, 플로리시 상태에 있는 사람들 중 1/3이 삶의 만족도에서 높은 점수를 나타내지 않았으며, 삶의 만족도가 높은 사람들 중 1/2은 플로리시 기준을 충족시키지 못했다. 즉, 삶의 만족과 플로리시는 다른 개념이며 플로리시 측정 도구로서 삶의 만족에 관한 개별 항목은 적절한 하위구성이라 볼 수 없다.

이에 Huppert & So(2009)는 ESS(European Social Survey)에서 추출한 유럽인 샘플을 기반으로 삶의 만족과 플로리시 측정을 비교하는 연구를 실시하였다. ESS의 23개국 43,000여 명의 성인을 대상으로 실시한 연구 결과에 따르면, 전반적으로 높은 플로리시는 높은 교육 수준과 수입, 주관적 건강과 관련이 있는 것으로 나타났으며, 기혼자들이 미혼자에 비해 높게 나타났다. 또한, 개인주의 문화가 상대적으로 높게 나타나는 영국과 아일랜드에서는 65세 이상 노년층의 플로리시 수준이 높았고, 상대적으로 중년층은 낮은 수준을 보였다.

관련 연구를 통해 플로리시와 삶의 만족은 다른 개념이며, 플로리시의 측정 도구로 삶의 만족에 관한 개별 항목은 적절한 하위구성이 아니라고 제시하였다. 또한, 플로리시는 이들이 제시한 정신건강 스펙트럼에서 높은 수준의 정신건강으로 여겨진다. 다시 말해 정신건강이 높다고 하여 삶의 만족이 높은 것은 아니며, 삶의 만족이 높은 사람이 반드시 높은 수준의 정신건강을 갖추고 있다고 할 수는 없는 것이다.

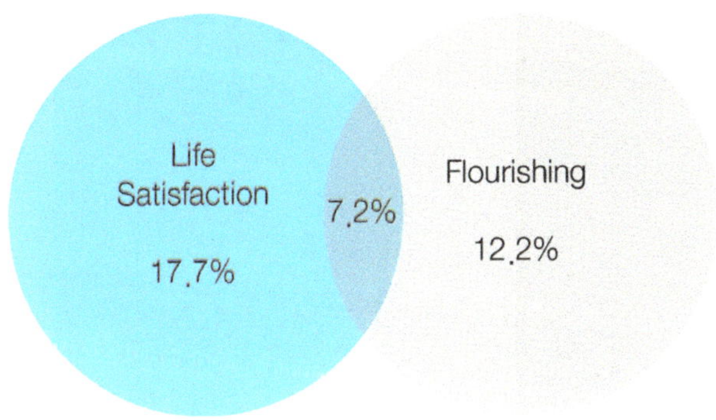

자료: Huppert & So(2009).

[그림 1-4] 정신건강 스펙트럼

따라서 삶의 만족과 플로리시는 구분하여 이해하고 적용하는 것이 필요하다. 구체적으로, 삶의 만족은 측정 당시 지각에 좌우될 수 있는 것으로 개인 삶의 궁극적인 행복을 이해하기 위해서는 삶의 만족도 외에 인간관계, 성취도 등을 측정하는 확장된 범위의 플로리시를 확인해야 한다. 지금의 긍정심리학 주제는 행복을 넘어선 웰빙이며, 웰빙을 측정하는 기준은 플로리시라고 할 수 있다.

2 행복을 말하는 용어들

1. 행복의 영역

행복은 합의되지 않은 다차원적(multi-faceted)이며 복잡한 사회적 현상(sociological phenomenon)이다(Dodge *et al.*, 2012; Huta & Waterman, 2014; Smith & Diekmann, 2017). 행복 연구는 심리학, 사회학, 관광학 등에서 다학제적으로 다루어지고 있으나 헤도닉(hedonic), 유다이모닉(eudaimonic)관점의 철학적 논의에서부터 이어져 온 개념의 합의는 부족하며 여전히 개념이 혼재되어 있다. 또한 연구자들이 행복을 측정단위로 환원하는 과정에서도 측정단위 중심으로 선행연구를 인용함으로써 혼란은 더욱 커지고 있다.

행복은 웰빙(well-being), 삶의 만족(life satisfaction), 삶의 질(quality of life)과 종종 동의어로 쓰인다(Easterlin, 2004; McGillivray & Clarke, 2006; Bimonte & Faralla, 2012). 행복의 활용적 배경을 살펴보면 삶의 만족, 객관적 삶의 질(사회적 환경 요소), 주관적 삶의 질(웰빙-경험을 통한 좋은

삶 측정, 정서적 반응 포함)(Croes, 2016; Michalko & Ratz, 2010; Moscardo, 2009; Rivera *et al.*, 2016; Vitterso, 2004)로 구분된다. 구체적으로 주관적 삶의 질에 해당되는 웰빙은 주관적 웰빙과 심리적 웰빙으로 구분된다. 하지만 객관적인 상황이 행복을 증진시키는 데 한계가 있기 때문에 넓은 의미에서 주관적 웰빙을 행복으로 정의하고 있다(McCabe & Johnson, 2013).

대체로 심리학 분야는 주관적 웰빙의 개념을 행복과 동일시한다. 주관적 웰빙은 삶의 만족과 긍정적인 정서, (낮은) 부정적 정서로 이루어져 있으며(Diener, 1984), 개인의 주관적 감정 상태와 인지적 평가로 구분한다(Huta & Ryan, 2010; Knobloch *et al.*, 2017). 주관적 감정 상태는 현상에 대한 긍정적인 정서(positive affect), 부정적인 정서(negative affect)로 이루어진 감정적 반응을 의미하며, 인지적 평가는 현재 삶에 대한 만족, 객관적 삶의 질(사회적 환경 요소)을 포함한다(Croes, 2016; Michalko & Ratz, 2010; Moscardo, 2009; Rivera *et al.*, 2016; Vitterso, 2004). 주관적 웰빙을 현재 시점의 주관적 감정 상태와 과거에 대한 인지적 평가로 함께 측정하는 이유는 어느 한쪽에 치우칠 경우 다차원적인 행복의 개념을 측정하는데 편의(bias)가 발생할 수 있기 때문이다(Kahneman & Riis, 2005).

대부분의 행복연구는 행복철학의 패러다임에서 파생된 헤도닉 관점(subjective well-being, hedonic well-being, happiness experience)과 유다이모닉 관점(eudaimonia, eudaimonic well-being)의 척도를 활용하고 있다. 그 중에서도 헤도닉 관점과 관련된 연구가 높은 것으로 나타났다. 구체적으로 헤도닉 관점의 주관적 웰빙 척도가 가장 보편적으로 활용되고 있으며, 긍정 감정 · 부정 감정 영향, 삶의 만족으로 구성된 인지적 · 정서적 평가로 구성된다.

하지만 연구마다 같은 용어(예: 주관적 웰빙)를 사용하더라도 참고한 선행연구가 다르기 때문에 척도 간 문항차이가 발생한다. 또한 주관적 웰빙의 긍정적 · 부정적 정서, 삶의 만족 외 기쁨, 욕구 충족, 감정적 웰빙 등의 척도를 추가하여 개념을 조작적으로 구성하고 활용하는 경우도 있다. 이는 주관적 웰빙 뿐만 아니라 행복의 개념을 더욱 복잡하게 만드는 일이기 때문에 측정단위로 환원할 경우, 행복의 개념과 범위를 명확하게 설정해야 한다.

실증주의적 접근은 다차원적인 행복에 대한 접근보다는 감정이면 감정, 삶의 만족이면 삶의 만족 등 부분적인 것들을 행복으로 환원하여 측정하고 있다. 주관적 웰빙의 하위변수를 구성하고 있는 인지적 측면(삶의 만족)과 정서적 측면(개인의 주관적인 감정)이 행복을 측정하는 개별 변수로 활용되고 있는 것이다.

그 중에서도 정서적 측면의 감정과 관련된 척도들이 여행행복을 측정하는 도구로 활용되고 있다. 한편, 주관적 웰빙의 하위변수 중 삶의 만족으로만 측정하여 행복을 측정하거나(Chen *et al.*, 2016; Chen & Yoon, 2019; Wang, 2017; Ferrer *et al.*, 2016; Pagan, 2015; Sirgy *et al.*, 2011) 긍정 정서, 부정 정서의 감정만으로 행복을 측정하는 연구(Sangpikul, 2008)가 있어, 부분 변수를 활용하여 측정할 때 발생하는 차이를 명확히 제시하는 것이 필요하다.

McCabe & Johnson(2013)은 행복이 정서적 주관적 웰빙(Affective SWB)과 인지적 주관적 웰빙(Cognitive SWB)으로 구성된다고 하였다. Bosnjak *et al.*(2016)은 주관적 웰빙을 헤도닉적 즐거움(Hedonic enjoyment)과 유다이모니아적 개념을 포함한 자기표현(Self-expressiveness)으로 주장하였으며 헤도닉적 즐거움은 감정으로 측정하였다. 반면 Chen & Li(2018)는 행복의 다차원적 특성에 주목하여 삶의 만족, 유다이모니아, 긍정 · 부정 정서(Diener, 2009; OECD, 2013; Tinkler & Hicks, 2011)의 3가지 차원에서 행복을 측정하였으며, 이 중 삶의 만족은 세계가치조사에서 제시된 단일항목(Bjornskov, 2010)을 포함하였다.

가. 행복의 반대는 불행인가?

그렇다면 행복의 반대는 불행인가? 행복의 반대를 불행으로 언급하는 이분법적인 주장(Seligman & Diener)의 적절성에 대한 논의가 필요하다. 행복의 반대는 일상(daily life)이 될 수도 있다. 또한 일반적으로 행복의 반대로 이해되기도 하는 불행은 때로는 어떠한 추진력의 기폭제로도 사용될 수 있는 긍정적인 면을 가지고 있다. 따라서 행복을 이해하기 위해서는 이의 반대말을 불행으로 볼 것인지 아니면 다양한 스펙트럼에서 다음단계로 확장시킬 것인지를 결정하는 것이 필요하다.

사고는 이분법적 구도에 갇혀 현실을 있는 그대로 이해하지 못하게 할 수 있다. 모든 것을 긍정적(행복)이 아니면 부정적(불행)이라는 흑백논리에서만 해석하는 이분법적 사고는 둘 사이 중간적인 요소들의 의미를 무시하게 될 수 있으며, 부정적인 것이라 통칭하는 것에서 나타날 수 있는 긍정적인 요소들을 간과하게 할 수 있다. 즉, 상황에 따라 똑같은 것이 긍정적으로도 부정적으로도 보일 수 있는데 이점을 놓치는 것이다.

셀리그만은 긍정적 사고방식과 부정적 사고방식 두 가지가 모두 중요하다고 하면서도 여전히 긍정적 사고에 치중하는 모습을 보여준다. 플로리시(Flourish)의 개념에서, 학교의 예를 들며 창의적 사고와 새로운 시도는 추구해야 하는 것이며 비판적 사고(critical thinking)와 명령 복종(obedience)은 추구하지 않아야 하는 것이라고 강조하고 있는데, 이는 '비판적 사고와 명령 복종 = 부정적 사고', '창의적 사고=긍정적 사고'라는 이분법적인 전제가 깔려 있는 것이다. 비판적 사고와 명령 복종은 때로는 다르게 해석되어 긍정적인 상황에 기여할 수 있는 가능성을 가지고 있음에도 이를 무시하는 것이 될 수 있다.

셀리그만의 긍정심리학에서는 행복의 구성요소로 긍정 정서(positive emotion), 몰입(engagement), 관계(relationship), 의미(meaning), 성취(accomplishment)의 5가지 요소를 제시한다. 이러한 개별 덕(5가지 요소)들의 합이 전체의 덕이 될 수 있다고 판단하는데 이는 성급한 일반화라고 볼 수 있다. 5가지 요소 중 상황에 따라 5개 모두 충족되어야 행복의 상태가 될 수도 있고 한 가지 요소만 충족되어도 행복이 될 수 있다. 뿐만 아니라 다양한 긍정적 · 부정적 일상적인 일들의 상호작용을 무시하고 있는데, 이는 실제로 부정적 정서도 긍정적인 결과를 낳을 수 있다는 사실을 간과하는 것이라 볼 수 있다(추병완, 2013).

셀리그만은 '웃는 얼굴을 최고로 치고, 사람들의 기분을 좋게 만들려고만 한' 에드 다이너의 입장을 비판하며, 스스로는 '의미와 목적'에 관심을 두었다고 주장하였다. 하지만 Ehrenreich(2009)는 이 역시 이분법적인 사고임을 비판하며, 의미와 목적을 얻을 수 있는 부정적인 것들이 있음을 제시하였다. 즉, 방어적 비관주의를 강조하며 부정적인 정서가 실제로는 긍정적 결과를 낳을 수 있다고 주장한 것이다.

따라서 행복과 불행은 반대편에 있다기보다는 서로 다른 차원을 형성하며 영향을 주고받는 관계라고 할 수 있다. 행복 내에서도 부정적 영향변수와 긍정적 영향변수는 복합적 환경과 개인성향에 따라 긍정적 자극이 되거나 부정적 자극이 될 수 있다. 이렇게 행복은 다차원적 영향변수 및 긍정 · 부정 정서를 포함하여 복합적인 관계를 형성한다.

2. 행복을 대표하는 용어

가. 삶의 만족(Life satisfaction)

삶의 만족은 개인 삶 전체에 관한 전반적인 만족을 측정한 것으로 Diener *et al.*(1985)이 처음으로 Satisfaction with life scale(SWLS)이라는 개념을 도입하였다. 이는 주관적 웰빙(subjective wellbeing)의 개념으로 삶의 주관적 수준을 측정하는 것으로, 크게 감정적 구성요소와 인지적 구성요소 두 가지로 구분된다. 그 중 삶의 만족은 인지적인 구성요소를 측정할 때 사용된다. 삶의 만족은 주관적 웰빙의 감정적인 부분과 분리되는 개념이기 때문에 주관적 웰빙의 한 차원으로도 측정되지만, 인지적 측정을 위한 개별적인 개념으로도 활용된다.

삶의 만족에 관한 선행연구는 대부분 여행에서의 경험이 어떻게 삶의 만족에 영향을 미치는지에 관한 연구이다. 즉, 여행경험에서 어떤 요소가 삶의 만족에 영향을 미치는지 탐구한다. Sirgy *et al.*(2011)은 여행에서 다양한 차원의 경험이 관광객의 전반적 삶의 만족에 미치는 영향에 대해 분석하였다. 특히 여행과 관련한 부분을 세분화하여 사회적, 여가적, 가족적, 사랑적, 문화적, 일적, 건강과 안전, 재정적, 영적, 지적, 자기 자신적, 음식적, 여행의 질적인 측면을 포함한 13가지로 분류하여 각각의 여행요소가 전반적 삶의 만족에 어떤 영향을 미치는지 분석하였다.

첫 번째 연구에서는 질적 연구를 통하여 13가지 차원의 여행경험이 긍정적인 감정과 부정적인 감정, 삶의 만족에 미치는 영향을 분석했고, 두 번째 연구에서는 총 264명의 관광객을 대상으로 설문조사를 진행하여 영향관계를 분석하였다. 분석 결과, 여행과 관련된 모든 13가지 경험이 삶의 만족에 긍정적인 영향을 미치는 것으로 나타났다. 그 중에서 특히 요리생활(Overall satisfaction with culinary life), 사회생활에 대한 전반적인 만족도(Overall satisfaction with social life), 여가/레크리에이션에 대한 전반적인 만족도(Overall satisfaction with leisure/recreation)가 삶의 만족에 가장 큰 영향을 미치는 것으로 나타났다.

Mathis *et al.*(2016)은 관광경험의 '공동창조(Co-creation)'가 주관적 웰빙, 서비스 제공자에 대한 충성도(loyalty)에 미치는 영향을 연구하였다. '공동창조'는 관광객이 그들의 아이디어를 활용해서 여행을 기획하거나, 여행을 개인에 맞게 설계한 것을 의미한다. 관련 연구는 온라인 패널 데이터 총 561부 대상의 설문으로 구조방정식 모형을 사용해서 통계적 유의성을 검증하였다.

그 결과, 경험의 공동창조는 ① 여행경험에서 관광객 참여 강화, ② 여행 전문가에게 마음을 열고 그들과 함께 창조할 수 있다는 자신감, ③ 둘 이상의 이해관계자가 모여 고유한 개별적 부가가치 경험을 창출할 수 있도록 지원하는 환경, ④ 사회적 상호작용을 높일 수 있는 기회를 기반으로 한다는 것이 밝혀졌다. 이러한 여행경험의 공동창조(여행 전문가와 협력하여 자신의 아이디어를 제공하고 여행의 필요와 욕구를 개인적으로 표현하는 것)에 대한 만족은 여행경험 만족에 기여할 수 있으며, 전반적인 삶의 만족에도 긍정적인 영향을 미치는 것으로 나타난 것이다.

Lyu *et al.*(2018)은 크루즈 여행경험과 삶의 만족 간의 영향관계를 분석하였다. 크루즈 관광객 대상으로 크루즈와 관련된 긍정적인 감정, 크루즈 안에서의 사람들과의 관계, 창의적인 생각과 관련된 경험 등을 감정적(Emotional), 관계적(Relational), 인지적(Thinking) 경험 차원으로 구분하고 관련 경험이 삶의 만족에 미치는 단기·장기적인 영향을 분석하였다.

구체적으로 관계적 차원에서 사교성은 행복한 삶의 중요한 요소로(Veenhoven, 2003), 크루즈 내의 서비스 접점과 여행사와의 상호작용은 사회적 연대를 증진시키고 복지의식을 향상시켰다. 단기적으로 크루즈에서의 관계적 경험과 인지적 경험은 삶의 만족에 긍정적인 영향을 미치는 것으로 나타났다. 하지만, 관계적 경험은 장기적으로는 일상생활에서는 중요하지 않게 평가되면서 삶의 만족 감소에 영향을 미쳤다. 또한, 인지적 경험의 측면에서 크루즈 여행은 쾌락적 · 럭셔리 소비로 인식되며, 여행자들은 행복한 기억을 회상할 때 현재의 평범한 일상을 불만족하게 인식하였으며, 오히려 부정적 정서에 영향을 미친다는 것을 제시하였다.

Chen *et al.*(2016)은 휴가회복 경험과 관광만족, 그리고 삶의 만족 간의 관계를 분석하였다. 총 777명의 미국인 응답자들을 대상으로 휴가 여행에 관한 설문조사를 실시한 결과, 사람들은 휴가 여행에서 그들이 하고 싶은 일을 하도록 결정할 수 있고, 일과 분리되어 온전히 휴식하고, 휴가 동안 새롭고 모험적인 경험을 하게 될수록 관광만족과 삶의 만족이 높아진다는 것을 확인하였다. 구체적으로 Sonnentag & Fritiz(2007)의 회복경험 개념화에 기초하여 자신이 하고 싶은 것을 통제(control)할 수 있고, 편안함을 느끼며(relaxation), 업무로부터 분리감(detachment)을 느끼는 사람들이 더 만족감을 느낀다는 것을 제시하였다. 또한, 비교적 긴 여행 기간을 갖는 것은 직업 스트레스 감소에 영향을 주며 여행 후 전반적인 삶의 만족에 영향을 준다는 것을 확인하였다.

개인 성격이 관광경험과 삶의 만족에 영향을 미친다는 연구도 확인할 수 있다. Chen & Yoon(2019)은 웰빙의 상-하향 이론(Top-down theory)을 사용하여 관광, 웰빙, 신기성 추구(novelty-seeking) 간의 관계를 규명하였다. 상-하향 이론은 개인의 웰빙이 그들의 내적인 성격이나 기질에 영향을 받는다는 것이다(Diener, 1984). 총 556명의 미국인을 대상으로 설문조사를 실시한 결과, 신기성을 추구하는 관광객들은 여행이 주는 장점을 잘 알고 더 자주 여행하는 경향을 보였고 삶의 만족 또한 더 높게 나타났다. 관련 연구는 신기성 추구라는 성격요인이 웰빙과 삶의 만족에 긍정적인 영향을 미치는 것을 발견한 것에 의의가 있다.

최근에는 단순히 여행이 삶의 만족에 미치는 영향을 확인하는 것보다 여행이 얼마나 삶의 만족의 "지속성"에 영향을 미치는지를 확인하는데 초점을 맞춘 종단적 연구도 확인할 수 있다. Kwon & Lee(2020)는 여행경험이 삶의 만족 지속성에 미치는 영향을 분석하였다. 총 225명의 한국인 관광객을 대상으로 종단연구(① 여행 15일 전, ② 여행이 끝난 직후, ③ 여행 후 15일, ④ 여행 후 30일이 지난 시점)를 진행하였는데, 여행 15일 전과 여행 후 15일까지 삶의 만족과 긍정적인 감정이 증가하다가 그 이후에는 감소하는 것으로 나타났다.

연구자들은 이러한 현상을 쾌락적응이론(Hedonic adaptation theory)으로 설명하고 있는데, 쾌락적응이론은 행복감이 일정 기간이 되면 이전 수준으로 돌아오는 회귀 현상을 의미한다. 관련 연구에서는 여행에서의 쾌락적응에 미치는 영향요소들을 파악하고자 잠재성장모델(Latent growth model)을 사용하여 추가적인 분석을 실시하였으며, 여행만족은 여행 후 삶의 만족 증가율에 긍정적인 영향을 미친다는 것을 밝혀냈다.

한편 친환경적 관광(Environmental Tourism)이 삶의 만족에 미치는 영향에 관한 연구도 살펴볼 수 있다. Su Swanson & Chen(2018)은 시그널 이론(Signaling theory)을 바탕으로 관광지의 명성(reputation)이 환경책임행동(environmentally responsible behavior) 및 관광객의 긍정적인 감정, 삶의 만족에 미치는 영향을 분석하였다. 자연 생태와 역사적인 문화 관광지를 방문한 총 539명의 관광객에게 설문조사를 실시한 결과, 관광지 명성은 관광객의 관광만족에 긍정적인 영향을 미치고, 관광만족은 관광객의 환경책임행동, 긍정적인 감정과 삶의 만족에 긍정적인 영향을 미치는 것으로 나타났다. 즉, 관광지 명성이 높을수록 관광객의 주관적 웰빙과 환경책임행동이 높아지는 것이다.

Nawijn & Peeters(2009)는 비자발적인 환경친화여행, 정부의 제한정책에 따른 관광객 수 제한이 행복과 삶의 만족에 미치는 영향을 분석하였다. 총 588명의 네덜란드 관광객을 대상으로 설문조사를 실시한 결과 여행경험과 관련 행복과 삶의 만족에 가장 큰 영향을 미쳤던 요소는 관광지 선택의 자유였다. 정부의 제한 정책 때문에 자유가 침해받는 것은 관광객의 행복에 부정적인 영향을 미쳤다. 또한 방문국의 환경 친화 정책으로 비행기 가격이 높아지고, 여행 중 제한과 지연 등의 불편함 등을 겪는 것은 여행에 대한 행복과 삶의 만족에 부정적인 영향을 미치는 것으로 나타났다.

나. 삶의 질(Quality of Life)

World Health Organization[WHO](2012)의 정의에 따르면 삶의 질(Quality of Life)은 문화와 가치 시스템의 맥락에서 목표, 기대, 기준, 우려에 관한 개인 삶의 위치에 대한 인식을 의미한다. 이는 개인의 신체적 건강, 심리 상태, 독립성 수준, 사회적 관계, 개인적 신념 및 환경 등 핵심적인 특징 간 관계를 통합하는 광범위한 개념이다. 문화적, 사회적, 환경적 맥락에 내재된 주관적 평가로서 삶의 질은 건강 상태, 정신-사회적 지위 등 삶의 다른 측면에 대한 개인적 인식을 통합한 다차원적인 개념에 대한 평가로 여겨진다.

삶의 질에 대한 과거 연구를 살펴보면 직업의 기회, 추가 및 개선된 인프라, 레크리에이션 · 레저 기회나 경제적 편익이 거주자의 삶의 질과 긍정적인 상관관계를 가지고 있음을 입증하였다(Liu, 2016). 최근에는 여가활동의 정도(Woo *et al.*, 2016), 여가활동유형(Schmiedeberg & Schröder, 2017) 등이 삶의 질과 어떠한 연관성이 있는지를 밝히는 연구가 이루어지고 있다.

삶의 질은 개인의 건강과 욕구 충족을 기본적인 요소로 포함하고 있으며, 훨씬 더 광범위하고 포괄적인 개념으로 친구 및 가족과의 사회적 연결과 인식된 통제, 자유 및 독립성을 의미한다(Schuessler & Fisher, 1985). 철학, 사회학, 의학, 마케팅 · 경영 등 각 분야에서 개인적 감정, 태도, 선호, 의견, 판단, 신념 등을 포함한 사회 지표(social indicator)나 건강에 대한 만족, 학문에 대한 태도, 신기술의 위험에 대한 믿음 등 주관적 요소(subjective indicator)와 삶의 질에 대한 연구가 진행되고 있다(Sirgy *et al.*, 2006).

다차원적이고 사회적 내용으로 구성된 삶의 질의 개념은 객관적 지표와 주관적 지표로 구분된다. Bubolz *et al.*(1980)은 생태학적 관점에서 개인적 차원과 환경적 차원의 상호작용을 개념적으로 활용하여 개인 삶의 영역 만족도와 개인에게 제공되는 환경적 측면이 삶의 질을 구성한다고 정의하였다. Genç(2012)은 이러한 삶의 질 분류를 [그림 1-5]와 같이 제시하였다. GDP, 실업률, 기대수명 등을 나타내는 사회·경제적 지표 등을 객관적 삶의 질로 분류하고, 삶의 만족, 행복, 웰빙 등은 주관적 삶의 질로 분류하였다.

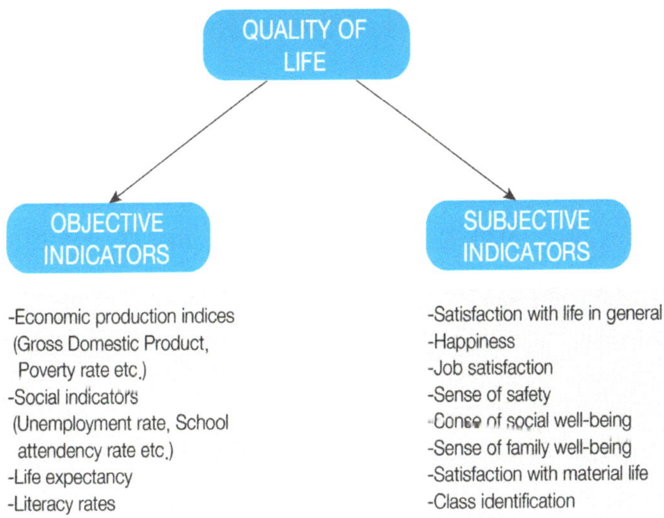

자료: Genç(2012).

[그림 1-5] 객관적 삶의 질과 주관적 삶의 질의 측정

먼저, 객관적 삶의 질을 규명하려는 시도가 있었다. Cottam & Mangus(1942)는 생활수준, 사회참여, 사회적응을 삶의 질의 주요 요소로 구성하였다. Fox(1974)는 경제학적 관점에서 삶의 질을 수입의 수준으로 정의하였다. 관련 관점에서 소득은 삶의 질을 측정하는 객관적 척도의 중요한 변수로(Evans, 1994), 경제적 수준이 높다는 것은 삶의 질이 높다는 것과 동일한 의미로 사용되었다.

한편, 경제적 여건이 삶의 질 향상에 기여하는 것은 제한적이라는 흥미로운 연구도 살펴볼 수 있다. 1974년 미국의 경제학자 이스털린(Easterlin)은 전반적인 소득 수준이 증가하면 사람들의 행복감이 단기적으로는 증가하는 효과가 나타나지만, 일정한 소득이 넘어서면 행복감은 더 이상 증가하지 않는다는 이스털린 역설(easterlin paradox)을 주장하였다(Easterlin, 1974; 2010).

다음으로 삶의 질에 관한 주관적 측정은 삶의 만족(Life satisfaction)과 밀접한 연관이 있다(Andrews & Withey, 1974; Campbell *et al.*, 1976; Sirgy *et al.*, 1982). 삶의 질을 평가할 때 사회적 비용과 같은 객관적 삶의 질 이외의 요소가 필요하며(Sirgy, 1991), 삶의 모든 영역은 실제로 만족과 삶의 질이 높은 기능적 연관성을 지니기 때문이다(Rahtz & Sirgy, 2000).

이외에도 주관적 삶의 질 관점에서 학자들은 아래와 같이 삶의 질을 정의한다. 현상학적 관점에서 삶의 질은 타인과 상호작용을 기반으로 한 자기 평가가 내재되어 있으며(Gerson, 1976; Ziller, 1974), 개인의 과거 보상보다는 미래지향적 가치와 더 연관되어 있다고 주장된다(Hadaway & Roof, 1978). 또한 삶의 질은 계층적으로 구성된 사회구성원의 다차원적 욕구 만족 수준으로 정의되며, 차원이 높아질수록 사회 전체의 삶의 질이 증가한다(Sirgy, 1986).

이처럼 삶의 질은 주관적 지표 및 객관적 지표가 포함되는 학술적 개념으로 웰빙을 나타내는 포괄적 용어이다(Sirgy *et al.*, 2006). 또한, 삶의 질은 감정적 상태와 삶의 기대치를 포함하는 내용으로 웰빙보다 더 포괄적인 개념으로 볼 수 있다(Mctavish *et al.*, 2007; Schuessler & Fisher, 1985).

다. 주관적 웰빙(Subjective well-being)

주관적 웰빙의 개념은 1960년대 Wilson(1967)의 연구에서 가설로 제시되면서 시작되었다. 1970년대에서 1980년대에 걸쳐 삶의 질, 만족, 행복, 긍정적 정서와 더불어 주관적 웰빙도 주요 변수로 활용되고 있다. 여러 학문 분야에서 이론적인 개념을 도입하게 되면서 개념의 혼선이 생겼으나 이후 심리적 웰빙 개념과 분리되면서 정리되고 있다. 즉, 주관적 웰빙은 인지적인 요소와 정서적인 요소를 갖춘 주관적인 삶의 경험을 의미하게 되었다(Galinha & Pais-Ribeiro, 2008).

주관적 웰빙은 쾌락주의적 관점에서 주관적인 행복(subjective happiness)으로 구성되어 있으며, 삶의 좋은 요소와 나쁜 요소에 대한 모든 판단을 포함하는 광범위한 구성개념으로 쾌락의 경험과 불쾌의 경험이 관련된다(Diener *et al.*, 1999). 또한 주관적 웰빙(subjective well-being)

은 인간의 경험에 있어서 쾌락과 고통의 연속성을 평가하는 가장 대표적인 측정척도이다(Diener & Lucas, 1999; Ryan & Deci, 2001에서 재인용). 관련 개념에서 좋은 삶이란 쾌락의 현존과 고통의 부재라는 공리주의적 접근에 기반을 두고 있다. 따라서 주관적 웰빙을 통한 개인의 행복 측정은 삶에서 중요한 다른 요소들 대신 개인이 얼마나 즐거움을 느끼고 있는지에 초점을 맞춘다.

구체적으로 주관적 웰빙은 자신의 삶에 대한 자기 자신의 주관적 평가이다. 이는 개인이 놓인 객관적 상황 그 자체보다는 이를 받아들이는 개인의 주관적 인지를 측정함으로써 얼마나 좋은 삶, 행복한 삶을 살고 있는지 알고자 하는 것이다. 예를 들어 마사이족, 아미시, 이누이트족은 상대적으로 빈곤한 조건에도 평균 이상의 주관적 웰빙을 보였다(Biswas-Diener, Vitterso, & Diener, 2005). 미국 부유층의 37%는 평균적인 소득 수준의 미국인보다 오히려 주관적 웰빙이 낮은 결과를 보이기도 하였다(Diener & Horwitz, 1985). 이처럼 개인은 저마다 자신에 삶에 대해 주관적으로 반응하며, 이를 측정하는 주관적 웰빙은 자신의 삶 전반에 대한 개인의 인지적, 정서적 평가로 정의된다(Diener, 2009).

주관적 웰빙은 자신의 삶에 있어 감정적인 경험(긍정적 정서 · 부정적 정서)과 삶에 대한 인지적 평가를 모두 포함한다. 주관적 웰빙의 측정도구로는 삶의 만족 척도(SWLS; Diener *et al.*, 1985)가 가장 널리 사용되며, 연구에 따라서는 [표 1-4]와 같이 단일문항척도인 자기평가척도(Cantril, 1965)가 활용된다.

[표 1-4] 주관적 웰빙 척도

측정도구	문항
Satisfaction With Life Scale	In most ways my life is close to my ideal. The conditions of my life are excellent. I am satisfied with my life. So far I have gotten the important things I want in life. If I could live my life over, I would change almost nothing.
Cantril Self-Anchoring Striving Scale (CSASS)	Assume that this ladder is a way of picturing your life. The top of the ladder represents the best possible life for you. The bottom rung of the ladder represents the worst possible life for you. Indicate where on the ladder you feel you personally stand right now by marking the circle.

자료: Diener *et al.*(1985); Cantril(1965).

그러나 Diener(1984)는 주관적 웰빙을 단순히 삶의 만족 측면에서만 바라보면 안 된다고 지적한 바 있다. 이와 관련하여 감정적으로 긍정적인 상태에 있는지 측정하는 것이 필요하며, 대표적으로 Watson *et al.*(1988)이 제안한 PANAS(Positive and Negative Affect Scale) 척도가 사용된다. PANAS는 최근 2주간 긍정적인 감정과 부정적인 감정을 얼마나 느꼈는지 5점 척도로 답변하도록 설계되어 있다([표 1-5] 참조). Emmons & Diener(1985)는 주관적 웰빙에서 말하는 감정 상태는 긍정적 정서와 부정적 정서 상태를 포괄하는 용어이며, 두 가지 감정은 독립적 관계에 있다고 설명하였다. 이에 따라 긍정적 정서와 부정적 정서를 각각 별개로 사용하여 연구가 이루어진다.

한편 Jovanović(2015)은 PANAS가 감정으로 여겨지지 않는 항목들을 포함하고 있다는 점을 지적한다. 예를 들어 긍정적 정서의 경우 '활기 있는,' '맑고 또렷한,' '자신감 있는' 등이 이에 해당한다. 또한 Diener *et al.*(2009) 역시 척도에 사용된 문항들이 대체로 높은 활성화와 각성 수준에 집중되어 있다는 한계를 지적하였다. Diener *et al.*(2009)이 고안한 SPANE(Scale of Positive and Negative Experience) 척도는 긍정적 정서와 부정적 정서를 각각 6개씩 측정하며, 둘을 합산하여 균형측정(balance score)을 만들 수 있다. 측정은 마찬가지로 5점 척도로 답변하도록 되어있고, 지난 4주 동안 해당 감정이나 기분을 얼마나 느꼈는지 기입하면 된다.

[표 1-5] PANAS와 SPANE 비교

측정도구	긍정적 정서		부정적 정서	
PANAS	Interested Excited Strong Enthusiastic Proud	Alert Inspired Determined Attentive Active	Distressed Upset Guilty Scared Hostile	Irritable Ashamed Nervous Jittery Afraid
SPANE	Good Positive Pleasant	Joy Happy Contented	Negative Bad Unpleasant	Sad Angry Afraid

자료: Watson *et al.*(1988); Diener, Wirtz, *et al.*(2009).

Ryff & Singer(1998)는 인본주의 심리학의 전통에 따라 긍정적 웰빙과 건강에 대한 개념을 문제나 질병의 부재 그 이상의 것으로 본다. 여기서 건강이란 신체적 건강만이 아닌 "인간의 플로리시" 및 "신체, 정신적 웰니스"를 말하며 이는 곧 "좋은 삶"을 의미한다. 그러나 Diener(2000)는 주관적 웰빙 역시 지각된 지배력, 목표를 향하는 과정, 기질, 흥미롭고 재밌는 활동, 긍정적인 사회적 관계를 통해 만들어진다고 말하며, Ryff(1998)가 새롭게 제시한 개념이 이미 제안하고 있는 주관적 웰빙과 지향하는 바와 다르지 않다고 말한다.

Diener(2000)에 따르면, 철학과 종교의 역사 측면에서 주관적 웰빙이 강조되어 왔다. 그는 존 스튜어트 밀의 "배부른 돼지보다는 배고픈 소크라테스가 되겠다."라는 유명한 비유를 2×2표([표 1-6])로 발전시켰다. 밀이 배고픈 돼지나 배부른 소크라테스를 언급하지 않은 이유는 쾌락의 높고 낮음을 구분했기 때문이다. 지식과 지혜에 높은 가치를 부여하는 사람이라면 배고픈 소크라테스를 택하겠지만, 대부분의 사람들은 배고픈 돼지보다는 배부른 돼지, 배고픈 소크라테스보다는 배부른 소크라테스를 선호할 것이다. 주관적 웰빙은 사람들로 하여금 개인이 자신의 상태를 직접 정의 하도록 만들기 때문에 오히려 유용한 개념이다.

[표 1-6] 소크라테스와 배부른 돼지의 비유

구분	지적인 통찰력	
주관적 웰빙의 수준	소크라테스(높음)	돼지(낮음)
완전한 삶의 만족	행복한 소크라테스	행복한 돼지
완전한 삶의 불만족	불행한 소크라테스	불행한 돼지

자료: Diener(2000).

주관적 웰빙의 개념은 개인들의 다양한 가치와 목표, 장점이 있다는 사실을 내포하고 있다. 자신의 삶에 대한 스스로의 평가를 묻는 것은 Ryff & Singer(1998)가 철학자, 심리학자 등 여러 전문가와의 논의를 통해 웰빙을 정의한 것과는 대조적인 방식이다. 그렇다고 해서 주관적 웰빙이 일시적 쾌락만을 뜻하지는 않으며 사람들의 가치관을 반영하고 사람들이 무엇을 중요하게 생각하는지도 평가할 수 있다.

Diener(2000)는 주관적 웰빙이 행복을 구성하는 유일한 항목이라고 주장하지 않는다. 관련 개념은 다양한 가치 중 하나로 행복의 충분조건이 아닌 필요조건이지만, 이것이 주관적 웰빙 개념이 갖는 중요성을 저해하지는 않는다. 또한 Ryff & Singer(1998)가 제시한 가치 역시 사람들이 일반적으로 중요하게 생각하는 것을 반영하며 주관적 웰빙과 관련성이 높다.

따라서 Diener(2000)는 자신의 삶에 대한 개인의 평가를 가장 보편적인 행복의 척도로 생각하고 있다. 또한 이런 평가 속에는 사람들이 저마다 중요하게 여기는 가치들이 내재적으로 포함되어 있다고 주장한다. 즉 주관적 웰빙은 단순히 헤도닉과 일시적 쾌락만을 측정하지 않고, 어떤 가치가 우선인지 자신의 가치관에 의해 자신의 삶을 측정하는 개념이다.

라. 심리적 웰빙(psychological well-being)

심리적 웰빙(psychological well-being)은 주관적 웰빙의 비판에서 출발하였다. Ryff(1989)는 주관적 웰빙의 이론적 개념 및 쾌락주의 관점에 대해 비판하면서 진단심리학, 정신건강 및 인간발달분야의 연구를 바탕으로 심리적 웰빙을 논의하였다. 쾌락적 관점에서 웰빙이 주관적으로 개인의 삶에 얼마나 만족하는지에 대한 평가라면 심리적 웰빙은 자기실현적 관점에서 발전한 이론으로 볼 수 있다. 심리적 웰빙은 사회의 구성원으로서의 한 개인이 얼마나 잘 기능하고 있는가(well-functioning)를 기준으로 삼아야 한다고 제안한다(김명소 · 김혜원 · 차경호, 2001; Ryan & Deci, 2001).

Ryff(1989)는 자기실현적 관점의 선행연구 이론을 기초 삼아 주관적 웰빙에 대한 차이점을 강조하였다. 여기에는 Maslow(1968), Rogers(1961), Jung(1933), Allport(1961), Erikson(1959), Buhler & Massarik (1968), Neugarten(1968; 1973), Jahoda(1958) 등의 연구가 포함되어 있다. 대표적으로 Maslow(1968)의 욕구단계설은 자아실현의 욕구가 가장 고차원적인 욕구라고 주장한다. 또한 Rogers(1961)는 "완전히 기능하는 사람(fully functioning person)"이라는 용어를 통해 개인의 잠재성 발휘와 성장을 강조하였으며, Erikson(1959)은 심리사회적 발달단계를 주장하며 영유아기부터 노년기까지 넓은 범위의 심리발달 이론을 제시하였다.

나아가 Jahoda(1958)는 정신건강의 판단 기준을 제시했는데, 이는 자신에 대한 긍정적인 태도, 성장과 자아실현을 포함하고 있다. 즉, 이들 연구는 공통으로 단순한 쾌락이나 긍정적 감정에서 나아가 개인의 내적 자아실현 및 완전한 기능을 추구하고 있다. Ryff(1989)도 이러한 맥락 속에서 개인 삶의 질을 측정할 수 있는

6개 차원의 척도를 개발하였고 이를 심리적 웰빙이라 명하였다. Ryff(1989)의 모델은 삶에 대한 전반적이고 주관적 평가인 주관적 웰빙과 달리, 이론적으로 개인의 삶의 질을 구성한다고 여겨지는 심리적 측면의 합이며 구성요소는 다음과 같다(Ryff & Keyes, 1995).

① 환경의 통제(environmental mastery): 개인을 둘러싼 환경에서 나타나는 문제를 잘 처리할 수 있으며 이에 대한 통제감을 가짐
② 타인과의 긍정적 인간관계(Positive relations with others): 다른 사람들과 따뜻하고 신뢰 있는 관계를 형성하고 유지함
③ 자율성(autonomy): 독립적이고 독자적으로 결정할 수 있는 능력이 있음
④ 개인적 성장(Personal growth): 자신의 잠재력이 발현되며 성장함을 느낌
⑤ 인생의 목적(Purpose in life): 인생에 목적과 방향성이 있음
⑥ 자기 수용(Self-acceptance): 본인 스스로에 대해 긍정적인 태도를 보이며, 자신의 장단점 모두 본인의 특성임을 인정하고 받아들임

심리적 웰빙의 각 요소는 행복을 구성하는 차원이며, 개인의 특성에 따라 각 차원의 상대적 중요성이 다르게 나타나기도 한다. 선행연구에 따르면 성별과 연령대에 따라 심리적 웰빙 요인이 다르게 영향을 미쳤다. 20~40대의 기혼여성들에게는 자기 수용과

환경의 통제가 유의한 변인이었던 반면, 50대 이상에서는 자기 수용과 인생의 목적, 긍정적 인간관계, 개인적 성장이 주요한 변인이었다(김명소 · 김혜원, 2000). 또한, 상대적으로 젊은 연령층에서는 자기 수용과 개인적 성장, 환경의 통제가 심리적 웰빙에 큰 영향을 주었지만, 연령대가 높아질수록 타인과의 긍정적 인간관계와 인생의 목적에 대한 중요성이 높아진다는 것을 확인하였다(김명소 외, 2001).

인구통계학적 특성 이외에 개인적 요소 역시 심리적 웰빙에 영향을 주었으며, 그 외 문화적 특성에 따라 심리적 웰빙을 구성하는 요인이 다르게 나타났다(김명소 외, 2001; 박정희 · 심혜숙, 2007). 국내 성인을 대상으로 연구한 결과, 집단주의 문화의 특성상 긍정적 대인관계에 대한 중요성이 두드러졌다(김명소 외, 2001). 또한, 박정희 · 심혜숙(2007)은 국내 청소년을 대상으로 심리적 웰빙 척도를 개발하였는데, 이 척도개념에서는 사회구성원의 역할을 통해 얻어지는 긍정적인 정서 상태를 심리적 웰빙으로 정의하였다. 따라서 각 요인은 가족관계, 친구 관계, 교사와의 관계, 자기 주장성, 학습주도성, 긍정적 자기인식으로 구분되어 Ryff(1989)의 척도보다 다양한 사회적 관계요인을 구체적으로 포함하였다.

또한, 연구자들은 다양한 활동 유형과 심리적 웰빙과의 영향 관계를 분석하였다. Jung *et al.*(2017)은 SNS 사용과 심리적 웰빙 간의 관계를 평균분석과 회귀분석을 사용한 혼합분석법 설계를 적용하여 연구하였다. 연구 결과, SNS를 사용하는 것은 자아수용, 긍정적 관계에 긍정적 영향을 미치는 것으로 나타났지만, 개인의 성장이나 삶의 목적에는 부정적 영향을 주는 것으로 나타났다. 이정순 · 전원배(2005)는 최근 1년 간 여행경험이 있는 사람을 대상으로 Ryff(1989)의 심리적 웰빙 척도를 활용하여 관광 참여 빈도와 여가 만족, 심리적 웰빙 등과의 관계를 분석했으며 그 결과 관광 참여 빈도와 심리적 웰빙의 관계는 직접적인 관계가 있었고, 여가 만족을 매개로 한 간접효과도 나타난다는 것을 밝혔다.

이후 심리적 웰빙의 개념에서 파생하여 진정한 행복을 논하고자 하는 시도가 이어졌는데, Keyes(1998)는 사회적 웰빙이라는 개념을 주장하였다. 기존 심리적 웰빙은 잠재력 실현을 중요시했다면, 사회적 웰빙은 이를 통해 사회에 기여하고 사회 안에서 최적의 기능을 수행하는 것의 중요성을 강조한다. 사회적 웰빙은 ① 사회적 수용, ② 사회적 실현, ③ 사회적 기여, ④ 사회적 일치, ⑤ 사회적 통합 총 5요소로 구성된다. 즉, 심리적 웰빙은 개인이 자신의 기능에 대해 내리는 주관적 평가라면, 사회적 웰빙은 개인이 자신이 속한 사회에서 어떻게 기능하는가에 대한 주관적 평가이다.

Keyes(2002; 2003)는 심리적 웰빙의 개념에 정신건강의 관점을 더하여 개념적 발전을 시도하였으며 이는 정신적 웰빙이라는 개념으로 이어졌다. 그가 제시한 정신적 웰빙(mental well-being)은 정신적 질환이 없으며 행복을 느끼는 상태를 의미한다. 정신건강에 대한 기존 접근은 병이나 질환의 부재를 정신건강과 동일시하는 일원론적 접근이었다면 Keyes(2002; 2003)는 여기에 행복을 지닌 상태가 더해져야 진정한 정신건강이 달성된다는 이원론적 접근이다.

정신적 웰빙 이론은 기존 행복 이론의 주관적 웰빙과 심리적 웰빙, 그리고 사회적 웰빙의 개념을 포함한다. Keyes(2002; 2003)는 3가지 관련 이론과 개념을 포괄하여 단일 구성개념을 형성하였으며, 이를 통해 정신적 웰빙 척도를 개발하였다. 정신적 웰빙 척도는 사회적 웰빙(5문항), 심리적 웰빙(6문항), 정서적 웰빙(3문항) 등 총 14개의 문항으로 구성되었다. 또한, Keyes(2002; 2003)는 정신적 웰빙 척도를 사용하여 행복의 수준을 범주적으로 구분하는 진단법을 제안하였다(임영진 · 고영건 · 신희천 · 조용래, 2012).

[표 1-7] **정신적 웰빙의 범주적 진단**(Keyes, 2002)

단계	기준
번영 (Flourishing)	• 정신적 웰빙의 3가지 '기분' 증상 중에서 하나 이상을 높게 평가하는 동시에 11가지 '기능' 증상 중에서 6가지 이상을 높게 평가하는 상태
양호 (Moderately Mentally Healthy)	• 번영 혹은 쇠약 상태에 있지 않은 상태
쇠약 (Languishing)	• 정신적 웰빙의 3가지 '기분' 증상 중에서 하나 이상을 낮게 평가하는 동시에 11가지 '기능' 증상 중에서 6가지 이상을 낮게 평가하는 상태

연구에 따르면, 정신적 웰빙이 높은 사람은 대체로 삶의 만족도가 높으며, 긍정적인 정서도 더 풍부하게 경험하는 반면 불안, 분노와 같은 부정적인 정서는 적게 경험한다. 이렇게 포괄적으로 접

근하는 심리적 웰빙의 개념은 부정적인 감정을 경험하더라도 긍정적인 심리적 성장을 경험할 수 있는 측면을 강조한 개념이며, 개인의 내적 요인뿐만 아니라 사회구성원의 기능적 요소를 포함한 개념이다(Waterman, 1993).

3 행복은 어떻게 측정할 수 있을까?

1. 행복의 다차원적 측정지표

행복을 측정하는 척도는 몇 가지 유형으로 분류된다. 행복 철학의 패러다임에서 파생된 헤도닉 관점과 유다이모닉의 두 관점을 통합한 척도, 개별 변수척도(삶의 질, 삶의 만족, 행복), 새롭게 정의된 변수를 활용하는 척도로 구분된다. 헤도닉 관점의 측정 도구는 주관적 웰빙, 행복, 헤도닉, 헤도닉 웰빙, 여행자 행복 등으로 세분화되며, 유다이모닉 관점의 척도는 유다이모니아, 유다이모닉 웰빙으로 활용되고 있다. 그중에서도 헤도닉 관점과 관련된 연구가 많은 편이며, 헤도닉 관점의 주관적 웰빙 척도가 가장 보편적으로 활용되고 있다. 구체적으로 주관적 웰빙 척도는 긍정 · 부정 정서 영향, 삶의 만족으로 구성된 인지적 평가 및 정서적 평가 척도로 구성된다. 하지만 같은 용어(예: 주관적 웰빙)를 사용하더라도, 개별

연구가 주요하게 참고한 선행연구가 다르고, 실제 사용하는 척도 문항에서도 차이가 발생하고 있다.

또한 주관적 웰빙의 개념에 긍정적 · 부정적 정서, 삶의 만족 외 기쁨, 욕구의 충족, 감정적 웰빙 등의 척도를 추가하여 개념을 포괄적으로 구성하여 활용하기도 한다. 하지만 이와 같은 척도의 혼재는 주관적 웰빙의 개념뿐만 아니라 행복의 개념을 더욱 복잡하게 만든다. 우선 행복을 측정하기 위해서는 개념과 범위를 명확하게 설정해 주는 것이 필요하다. 또한 다른 영향요인과의 관계를 분석할 때는 문항 수가 많아서 단일척도로 간소화하여 측정하는 때도 있어, 의미를 대표하는 정제된 척도항목 개발을 통해 효율적인 활용을 고려하는 것도 필요하다.

이 외에도 선행연구에 기초한 새로운 통합척도를 활용하기도 한다. 헤도니아와 유다이모니아는 상관관계가 있기 때문에, 관련 개념 모두를 활용하여 통합적 웰빙 개념을 형성하기도 한다. 이는, 헤도닉 웰빙과 유다이모닉 웰빙을 함께 측정하여 기존 심리적, 주관적 웰빙에서 벗어난 전반적 웰빙의 증감을 분석하는 경우이다(Rahmani *et al.*, 2018). Bosnjak *et al.*(2016)은 Waterman(1993)의 주장을 기반으로, 주관적 웰빙(SWB)을 기존 연구와 달리 헤도닉적 즐거움(Hendonic Enjoyment)과 유다이모닉적 자기표현(Self-expressiveness)으로 구성하였다.

심리언어학적 측면에서는 관광객들의 행복 상태를 측정하기 위해 주관적 감정과 인지 상태를 살펴보기도 하였다(Huta & Ryan, 2010; Knobloch, Robertson, & Aitken, 2017). 이에 헤도닉은 기존 주관적 감정의 측면에서 접근하였으며, 유다이모닉은 자기결정이론을 적용하여 3가지 차원(자율성, 유능성, 관계성)의 경험을 통해 얻는 것으로 개념화하였다. Chen & Li(2018)는 행복의 다차원적 특성에 주목하여 삶의 만족, 유다이모니아, 긍정·부정 정서(Diener, 2009; OECD, 2013; Tinkler & Hicks, 2011)의 3가지 차원에서 행복을 측정하였으며, 이 중 삶의 만족은 세계가치조사에서 제시된 단일항목(Bjornskov, 2010)을 포함한다.

영국 통계청(ONS)은 유다이모니아 관점을 반영하여 영국 국민의 웰빙을 측정하기 위해 전반적인 삶의 만족과 긍정/부정적 정서, 자신의 삶의 가치와 의미에 대한 문항을 사용한다. OECD(2013)는 유다이모이나 웰빙의 다차원성을 강조하며 연구의 목적과 맥락에 맞는 척도를 사용해야 한다고 설명한다. 여행행복 또한 단편적으로 파악할 수 없으며, 삶의 만족도, 유다이모니아, 목적지에 따른 영향을 측정하는 것을 포함해야 한다고 제시한 것이다(Nawijn, 2011; Nawijn *et al.*, 2010; Tsaur *et al.*, 2013; Voigt *et al.*, 2010).

[표 1-8] **영국통계청의 국민 웰빙**(National Well-being)

영역	측정지표
1. 개인적 웰빙	• 전반적인 삶에 대한 높은 만족도 • 하는 일이 얼마나 가치 있는가에 대한 높은 평가 • 어제의 높은 행복감 • 어제의 낮은 불안감 • 인구/주민 정신건강(Population mental well-being)

[표 1-8] **영국통계청의 국민 웰빙**(National Well-being)**(계속)**

영역	측정지표
2. 우리의 관계	• 불행한 관계 비율 • 외로움 • 어려운 일이 있을 때 기댈 수 있는 배우자, 가족, 친구
3. 건강	• 성별 건강수명 • 장기질병 혹은 장애를 보고한 비율 • 건강 만족도 • 우울감 혹은 불안감
4. 우리가 하는 일	• 실업률 • 직업 불만족도 • 여가 시간 불만족도 • 연간 자원봉사 • 연간 최소 3회의 문화 활동 • 주간 30분 정도의 격렬한 운동
5. 우리가 사는 곳	• 성인 1,000명당 범죄율 • 밤에 혼자 걸을 때 성별 안전 • 연간 최소 주 1회 자연환경에의 접근 • 이웃 소속감 • 주요 서비스에 접근할 수 있는 평균 최소 시간 • 주거 안전
6. 개인 재정	• 가구소득 만족도 • 중위소득 60% 기준 빈곤율(주거비 제외) • 가구당 중위자산(연금 포함) • 실질가구중위소득 • 재정적 곤란
7. 경제	• 1인당 실질국가가처분순소득 • GDP 대비 공공분야 순 부채 • 물가(소비자물가지수)

[표 1-8] 영국통계청의 국민 웰빙(National Well-being)(계속)

영역	측정지표
8. 교육과 숙련	• 인적자원(노동시장에서의 개인의 숙련, 지식, 능력) • 자격미달 비율
9. 거버넌스	• 총선 선거율 • 정부 신뢰도
10. 자연환경	• 온실가스 배출 총량 • 보호지역 • 재생에너지 사용량 • 재활용 쓰레기양

자료: ONS(2016. 9.). Measuring National Well-being. ONS. 한국보건사회연구원(2017).

[표 1-9] OECD Better Life Index의 영역과 지표

영역	측정지표
1. 주거	• 기본 시설이 없는 가구 비율(%) • 주거 관련 지출 비중(%) • 개인당 방 수(비율
2. 소득과 자산	• 가구원당 순가처분소득 (US$) • 가구원당 금융순자산(US$)
3. 직업과 소득	• 고용률(%) • 직업 안정성(실직 위험률)(%) • 1년 이상 장기 실업률(%) • 노동자 개인소득(US$)
4. 사회적 관계	• 사회적 지지망(Social support network)
5. 교육과 기술	• 성인 중 고등학교 이상 졸업자 비율(%) • 학생들의 기술(평균 점수) • 기대 교육 기간(년)

영역	측정지표
6. 환경의 질	• 대기의 질(PM 10 농도) • 수질에 대한 만족(%)
7. 시민참여와 거버넌스	• 규칙 제정 과정의 협의(평균 점수) • 투표율(%)
8. 건강	• 기대수명(세) • 자기 보고 건강상태(%)
9. 주관적 안녕	• 삶의 만족도(%)
10. 개인의 안전	• 범죄 피해율(%) • 살인율(10만 인당 피살자 수)
11. 일과 삶의 조화	• 장시간 근로자(%) • 여가 · 개인적 돌봄에 쓴 시간(시간)

자료: 정해식·김성아(2017). 한국보건사회연구원(2017).

이 외에도 각 척도를 개별적으로 활용하여 측정하기도 한다. 특히, 주관적 웰빙의 하위변수를 구성하고 있는 인지적 측면(삶의 만족)과 정서적 영향이 행복을 측정하는 개별 변수로 활용되고 있다. 주관적 웰빙의 하위변수 중 삶의 만족으로만 측정하여 행복을 측정하거나(Chen *et al.*, 2016; Chen & Yoon, 2019; Wang, 2017; Pagan, 2015; Sirgy *et al.*, 2011) 긍정 정서 영향, 부정 정서 영향의 감정만으로 행복을 측정하는 연구도 있다.

웰빙의 개념을 다른 개념과 융합하는 연구도 있다. Rivera, Fa, & Villar(2019)는 여행경험에서 인지적 속성과 정서적 속성이 소비자 기쁨(Customer Delight)에 영향을 준다고 분석하였다. 소비자 기쁨(Customer Delight)은 소비자 만족을 뛰어넘는 개념으로, 정서적 차원에서는 만족을 넘어선 행복, 즐거움 등이 포함된다. 이렇게 변수를 활용하여 행복을 측정하는 경우, 활용한 척도항목이 다를 경우 발생하는 개념과 결과 차이가 있기 때문에 변수의 범위와 개념에 대한 자세한 설명이 필요하다.

2. 셀리그만의 PERMA 모델

셀리그만은 긍정심리학의 목표는 플로리시(flourish)이며, 플로리시는 "인간 기능의 최상의 범위에 속하는 삶"이라고 하였다(Seligman, 2011). 즉 웰빙 이론에서 궁극적 목표는 플로리시 수치를 높이는 것이고, 그 5가지 구성요소가 바로 PERMA 모형이다.

[표 1-10] PERMA

구성요소	내용
P: 긍정적 감정	• 기쁨, 희열, 따뜻함, 자신감, 낙관성 등
E: 몰입	• 특정 활동에 깊이 빠져든 동안 자각하지 못하는 것
R: 관계	• 타인과 긍정적인 관계를 맺는 것
M: 의미	• 삶의 목적과 어디로 흘러가는지 방향을 아는 것
A: 성취	• 목표를 향해 일하고 업무와 일상의 책임을 완수할 수 있다고 느끼는 것

자료: Seligman(2011).

이러한 구성요인을 바탕으로 설계한 설문문항은 다음과 같으며 구체적으로 긍정적 감정, 몰입과 흥미, 의미와 목적, 자존감, 낙관주의, 회복력, 긍정적 관계의 7개 요인을 포함한 문항으로 구성된다.

[표 1-11] 플로리시 설문문항

요인	설문 문항
긍정적 감정	모든 상황을 고려하였을 때, 나는 행복하다고 말할 수 있다.
몰입과 흥미	나는 새로운 것을 배우기 좋아한다.
의미와 목적	나는 대체로 내가 살면서 하는 일들이 가치 있다고 느껴진다.
자존감	나는 대체로 나에 대해서 긍정적으로 느낀다.
낙관주의	나는 항상 나의 미래에 대해 낙관적이다.
회복력	살면서 나쁜 일이 발생했을 때 대체로 회복하는데 시간이 오래 걸린다.
긍정적 관계	내 삶에는 나를 진심으로 신경써주는 사람들이 있다.

웰빙의 구성요인를 규정하는 것은 어려운 일이다(Seligman, 2018). 행복이 무엇인가는 언제나 논란이 되었던 주제이며, PERMA 역시 비판을 받기도 한다. 예를 들어 Goodman, Disaboto, Kashdan & Kauffman(2017)은 PERMA-Profiler와 주관적 웰빙 척도를 비교하여, 척도 사이의 유사성을 근거로 둘 사이에 큰 차이가 없으며 PERMA는 주관적 웰빙을 넘어서거나 차별화된 개념이 아니라고 주장했다. 이에 대해 셀리그만은 웰빙의 요소와 이론을 평가할 수 있는 기준을 제시하며 대응논리를 설명하고 있다.

첫째로 각각의 구성요소들은 각각 전체 웰빙에 기여해야 한다. 둘째, 각 구성요소는 그 자체를 추구하며, 다른 요소를 위한 수단이 되어서는 안 된다. 셋째, 각각의 구성요소들은 배타적이고 완전해야 한다. 넷째, 리스트는 간명해야 한다. 다섯째, 각각의 구성요소는 다른 요소들로부터 독립적으로 정의되고 측정할 수 있어야 한다.

셀리그만에 따르면 PERMA 모델은 새로운 웰빙을 개발한 것이 아니라 웰빙을 구성하는 요소를 설명한 것이므로, 다른 웰빙 척도와의 유사성은 오히려 PERMA 모델이 웰빙의 요소를 담고 있다는 것을 추가적으로 설명할 수 있다(Seligman, 2018). 다만 PERMA 모델에 관한 연구는 각 요소의 우선순위나 다른 웰빙 이론과 비교하는 초기단계로, PERMA에서 파생된 연구를 통해 적합한 웰빙 이론을 정립할 수 있을 것이라고 제시한다(Seligman, 2018).

PERMA는 PERMA-Profiler를 통해 측정된다. PERMA-Profiler는 위에서 제시한 5가지 웰빙의 구성요소에 부정적 정서와 건강에 대한 질문을 추가하여 총 23문항으로 이루어져 있다. 각 질문에 0-10 사이의 수치를 답하게 되어있고, 해당 설문지는 셀리그만이 센터장을 맡은 긍정심리학 센터(Positive Psychology Center) 홈페이지에 영어를 포함해 총 11개 언어로 번역되어 제공된다. 한국어판 설문지는 다음과 같다.

[표 1-12] PERMA-Profiler (0-10 스케일)

설문 문항
1. 당신은 대체적으로 얼마나 삶의 목적과 의미가 풍성한 인생을 살고 있습니까?
2. 당신의 목표들을 이루기 위해 발전하고 있다고 얼마나 자주 느낍니까?
3. 당신은 얼마나 자주 당신이 하는 활동에 몰두합니까?
4. 당신의 건강상태는 대체적으로 어떻습니까?
5. 당신은 얼마나 자주 기쁨을 느낍니까?
6. 당신은 도움이 필요할 때 다른 사람들로부터 얼마나 도움과 응원을 받습니까?
7. 당신은 얼마나 자주 불안감을 느낍니까?
8. 당신은 스스로 세운 중요한 목표들을 얼마나 성취합니까?
9. 당신은 인생을 살면서 당신이 하는 일들이 얼마나 소중하고 가치 있다고 느낍니까?
10. 당신은 얼마나 자주 긍정적인 감정들을 느낍니까?
11. 당신은 대체적으로 얼마나 자주 신이 나고 흥미로움을 느낍니까?
12. 당신은 일상생활에서 얼마나 자주 외로움을 느낍니까?
13. 당신은 현재 건강상태에 얼마큼 만족합니까?
14. 당신은 얼마나 자주 분노를 느낍니까?
15. 당신은 얼마만큼 사랑받고 있다고 느낍니까?
16. 당신은 맡은 책임을 얼마나 자주 수행해 낼 수 있습니까?
17. 당신의 인생이 어느 한 목적을 향해 달려가고 있다고 느낍니까?
18. 당신과 같은 성별의 또래에 비해, 당신의 건강 상태는 어떻습니까?
19. 현재 당신의 대인관계에 얼마나 만족하십니까?
20. 당신은 얼마나 자주 슬픔을 느낍니까?
21. 좋아하는 일을 할 때, 시간이 가는 줄 모를 만큼 몰입할 때가 얼마나 자주 있습니까?
22. 당신은 대체로 당신의 인생에 얼마나 만족합니까?
23. 모든 것을 고려했을 때, 당신은 얼마나 행복하십니까?

자료: Seligman(2011).

이러한 PERMA-Profiler는 Butler & Kern(2016)에 의해 개발되었으며, 이들은 이론적으로 관련된 수백 가지 항목을 우선적으로 정리한 후, PERMA모델의 각 영역당 3개 항목을 포함하여 총 15개 문항을 도출하였다. 이에 더해 전반적 웰빙, 부정 정서, 외로움, 신체적 건강을 평가하는 8개 하위요인을 추가하여 최종 23개 항목을 제시하였다. 따라서 본 모델은 정신건강 스펙트럼의 긍정적 요소와 부정적 요소를 모두 포함하여 측정하고 있다.

최근에는 PERMA 모델을 실증적으로 입증하고자 하는 연구가 진행되고 있다. Kern *et al.*(2015)은 호주 남학생들을 대상으로 교육환경에서 PERMA 구조가 기존 웰빙과 별도 차원으로 구분될 수 있는지 측정하였다. 연구결과 학생들의 웰빙은 정신 건강 연속체(mental health continuum)에서 다차원적이며, PERMA의 5가지 요인 중 긍정적 정서(positive emotion), 참여(engagement), 관계(relationship), 성취(accomplishment) 등 4가지 요인과 불행(ill-being)의 2가지 요인, 불안(anxiety)과 우울(depression)이 학생들의 웰빙에 영향을 준다는 것을 제시하였다. 이렇듯 학생들의 웰빙을 다차원적으로 접근하여 평가하는 것은 주관적 웰빙을 보다 체계적으로 이해하고 촉진할 수 있는 잠재력을 제공한다.

또한 Wagner *et al.*(2020)은 성격의 강점과 웰빙 간 관계를 밝히기 위해 PERMA 모델을 통해 측정하였다. 긍정적 정서는 열정, 유머, 희망, 호기심 등과 관련이 있었고, 몰입은 끈기, 열정, 희망, 호기심, 용기 등과 관련이 있었다. 관계는 팀워크, 사랑, 친절 등 강점과 강한 연관성을 보였으며, 의미는 감사, 희망, 리더십, 호기심,

열정 등과 관련이 있었고, 성취는 인내, 끈기, 열정 등 강점과 강한 연관성을 보여주었다. 이렇듯 본 연구는 성격 강점이 PERMA 프레임워크 측면에서 좋은 삶(Good Life)이라는 방향과 강한 연관성을 가지고 있다는 것을 밝혔다.

심교린 · 김완석(2019)은 Butler와 Kern(2016)이 개발한 총 23개 문항의 플로리시 척도(PERMA-Profiler)를 국문으로 번역한 후 원래 척도에서 보고한 심리측정 속성과 비교, 분석하여 국내에서 플로리시를 측정하는 척도로 활용할 수 있는지 여부를 확인하였다. 249명의 대학생 및 대학원생을 대상으로 조사를 실시한 결과, 신뢰도, 척도 내 하위요인 간 상관, 구성타당도, 준거 관련 타당도 등이 타당하게 나타나 적용 가능한 척도임을 확인하였다.

[표 1-13] 한국판 플로리시 척도 문항과 문항별 하위요인 구성

번호	문항	하위요인
1	자신의 목표 달성을 위해 나아가고 있다고 느끼는 시간이 얼마나 됩니까?	성취1
2	얼마나 자주 자신이 하고 있는 일에 몰두합니까?	몰입1
3	전반적으로 얼마나 자주 즐겁다고 느낍니까?	긍정적 정서1
4	전반적으로 얼마나 자주 불안하다고 느낍니까?	부정적 정서1
5	얼마나 자주 스스로 설정한 중요한 목표들을 성취합니까?	성취2
6	전반적으로 당신의 건강 상태는 어떻습니까?	신체적 건강1
7	전반적으로 얼마나 목적 있고 의미 있는 삶을 살아가고 있습니까?	의미1
8	당신이 필요할 때, 타인으로부터 도움이나 지지를 얼마나 받습니까?	긍정적 관계1
9	전반적으로 당신의 삶 속에서 하는 일이 얼마나 가치 있고 값지다고 느낍니까?	의미2

10	전반적으로 얼마나 재미있고 흥미롭다고 느낍니까?	몰입2
11	일상생활 속에서 당신은 얼마나 외롭다고 느낍니까?	외로움
12	현재 자신의 신체적 건강에 얼마나 만족합니까?	신체적 건강2
13	전반적으로 얼마나 자주 긍정적인 기분을 느낍니까?	긍정적 정서2
14	전반적으로 얼마나 자주 화가 나는 것을 느낍니까?	부정적 정서2
15	얼마나 자주 자신의 책임에 충실합니까?	성취3
16	전반적으로 얼마나 자주 슬픔을 느낍니까?	부정적 정서3
17	얼마나 자주 시간가는 줄 모르고 뭔가를 즐깁니까?	몰입3
18	같은 나이, 같은 성별과 비교할 때, 당신은 얼마나 건강합니까?	신체적 건강3
19	얼마나 사랑받고 있다고 느낍니까?	긍정적 관계2
20	전반적으로 얼마나 삶 속에서 방향감각을 갖추고 있다고 느낍니까?	의미3
21	당신의 인간관계에 얼마나 만족합니까?	긍정적 관계3
22	전반적으로 얼마나 자신의 삶에 만족합니까?	긍정적 정서3
23	모든 것들을 종합해서 당신은 얼마나 행복하다고 말할 수 있습니까?	종합적 행복감

자료: 심교린 · 김완석(2019).

3. DRAMMA 모델

Newman, Tay & Diener(2014)는 레저와 관광 활동이 주관적 웰빙을 향상시킨다는 사회과학적 발견에도 불구하고 그 매커니즘을 파악하는 연구는 많이 이루어지지 않았다고 지적했다. 이들은 상향이론에 입각하여 레저 활동을 통해 레저부문의 주관적 웰빙을 만족시키고, 이는 전반적 삶에 대한 주관적 웰빙에도 긍정적 영향을 미친다는 모델을 제시하였다. DRAMMA 모형은 레저 활동이 레저 영역의 웰빙에 미치는 영향을 심리학적 메커니즘으로 설명한 것이다([그림 1-6] 참조).

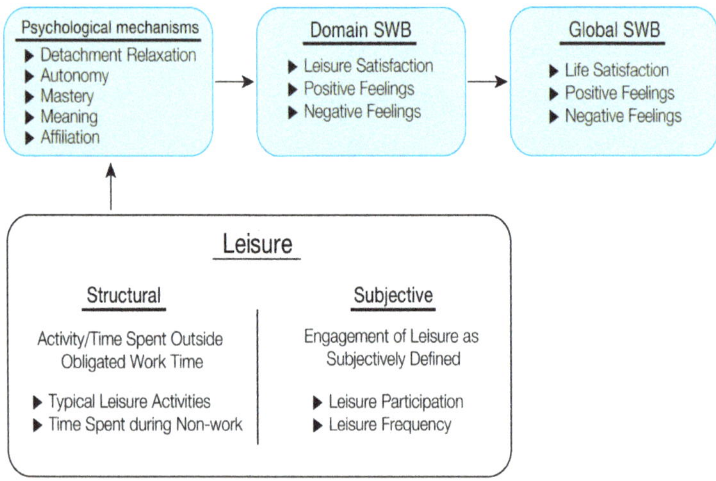

자료: Newman *et al.*(2014).

[그림 1-6] **레저와 주관적 웰빙에 대한 개념적 모델**

이들의 연구 목적은 다양한 이론적 관점을 통해 레저와 주관적 웰빙의 연결고리를 설명하는 주요 메커니즘을 구성하는 심리학적 모형을 개발하는 것이다(Newman *et al.*, 2014). 먼저 PsycINFO 데이터베이스에서 "leisure or recreation", "well-being, life satisfaction, quality of life, emotion, or happiness"의 키워드를 통해 검색된 문헌 중 레저와 주관적 웰빙의 관계를 연구한 363개의 연구논문을 수집했다. 수집된 자료를 토대로 레저와 주관적 웰빙을 설명하는 총 다섯 개의 메커니즘을 발견했다([표 1-14] 참조).

[표 1-14] DRAMMA 모델 내용

메커니즘	내용
업무로부터 분리(Detachment-Recovery)	기쁨, 희열, 따뜻함, 자신감, 낙관성 등
자율(Autonomy)	특정 활동에 깊이 빠져드는 동안 자각하지 못하는 것
숙달경험(Mastery)	타인과 긍정적인 관계를 맺는 것
의미부여(Meaning)	삶의 목적과 어디로 흘러가는지 방향을 아는 것
소속연대감(Affiliation)	목표를 향해 일하고 업무와 일상의 책임을 완수할 수 있다고 느끼는 것

자료: Newman *et al.*(2014).

각 문장을 단일 심리 메커니즘에 할당하여 각 메커니즘의 상대적 중요성을 평가하였으며, 이는 Detachment-Recovery(21%), Autonomy(23%), Mastery(12%), Meaning(11%), Affiliation(33%) 등의 분포로 나타났다. DRAMMA 모델은 레저 활동이 발동시키는 특정 심리학적 메커니즘을 나타내는데, 활동에 따라 다수의 심리학적 욕구를 충족시키는 때도 있으며, 이러한 활동이 주관적 웰빙을 더 높일 가능성이 크다.

Loveday *et al.*(2018)은 112명의 참가자들을 대상으로 DRAMMA 프레임워크를 적용하여 여가활동이 웰빙을 향상시키는 심리적 메커니즘을 탐구하였다. 본 연구에서 참가자들의 웰빙에 영향을 미치는 심리적 메커니즘 분포는 Autonomy(35%), Detachment-Recovery(31%), Mastery(18%), Meaning(17%) 순으로 나타났으며, 행복에 있어 autonomy(35%)가 가장 영향을 많이 미치고 있음을 보여준다.

DRAMMA 모형의 다섯 가지 심리적 메커니즘이 모두 나타나는 여가활동은 여행이었다. 연구대상자들은 여행이 다섯 가지의 다양한 요소를 모두 포함하여 웰빙을 향상시킨다고 응답하였다. 이들은 시간 및 비용을 가장 빈번하게 언급하였으며(20문장), 의미 있는 맥락에서 여행을 통한 삶의 목적의식(5문장), 새로운 모험을 통해 다른 사람들과 공유하는 즐거움(9문장) 등이 추가로 나타났다. 본 연구 결과는 '지속가능하고 보편적으로 접근이 가능한 관광 촉진' 및 '관광과 문화 통합을 통한 궁극적 행복창조'의 필요성을 증명해주고 있다. 즉, 일반적으로 경제적 가치로 접근하던 여행관광의 차원 이외에도, 웰빙의 차원에서 여행의 중요성이 제시된 것이다.

Knecht *et al.*(2016)은 277명의 연구대상자들의 여가 및 생활영역에서 가족 간 다양한 갈등, 소통 및 주관적 행복 간 관계를 평가하였다. DRAMMA 모델에 따르면, 여가는 일과 가정의 생활영역에서 기능을 활성화시킨다. "일과 삶" 균형에서 여가 활동을 포함하는 것이, 일과 가정만을 고려하는 것보다 더 포괄적인 행복을 제공한다고 제시한다. 연구결과 여가 갈등은 주관적 행복과 부정적인 상관관계를 보였으며, 여가 촉진은 주관적 행복과 긍정적으로 관련되어 있었다.

Liu & Da(2020)는 여가와 행복 간 본질적 관계를 탐구하고자 하였으며, 2015년부터 2017년까지 중국 동부의 한 대학에서 132명의

학생들을 대상으로 가장 행복했던 순간을 그린 그림과 그에 대한 묘사를 수집하였다. Deci & Ryan(1985)이 제시한 인간의 내적 본질로서 자율(autonomy), 숙련도(competence), 관계성(relatedness) 요소와 Newman *et al.*(2014)가 DRAMMA 모델을 기반으로 제시한 6가지 주요한 심리적 메커니즘, 휴식(relaxation), 평온(tranquility), 성취(achievement), 자율(autonomy), 관계성(relatedness), 흥미(enjoyment)를 분석하였다. 언제, 어디서, 왜, 누구와 함께 가장 행복하다고 느끼며, 가장 행복하다고 느낀 활동이 무엇인지를 분석한 결과 스트레스에서 벗어나는 것은 행복과 밀접한 관계를 확인할 수 있었다. 특히 사람들은 하고 싶은 일을 할 수 있는 여가시간을 통해 행복을 경험할 수 있다는 것을 확인할 수 있었다. 구체적으로, 사람들이 자신의 행복한 순간을 표현한 그림과 이에 대한 설명 자료를 분석하여 휴식, 평온, 성취, 자율, 관계성, 흥미 등이 행복을 가져다주는 중요한 메커니즘이라는 사실을 확인한 것이다.

Miyakawa, Kawakubo, & Oguchi(2018)는 여행경험을 통한 일반적인 기술과 자기 효능 향상이 업무 성과에 어떤 영향을 미치는지 조사하였다. DRAMMA 모형의 관점에서 개인들은 새로운 상황에 효과적으로 대처할 수 있는 기술을 습득하는 숙달 경험은 자기 효능을 향상시키는 가장 강한 경험이 된다(Bandura, 1977). 자신이 직접 여행을 계획하는 사람들은 자기 계발을 추구하려는 동기를 가지고 있으며(Pearce & Lee, 2005; Ryan & Deci, 2000), 이러한 여행 동기는 여행 경험을 통해 일반적인 기술 향상으로 이어질 수 있다.

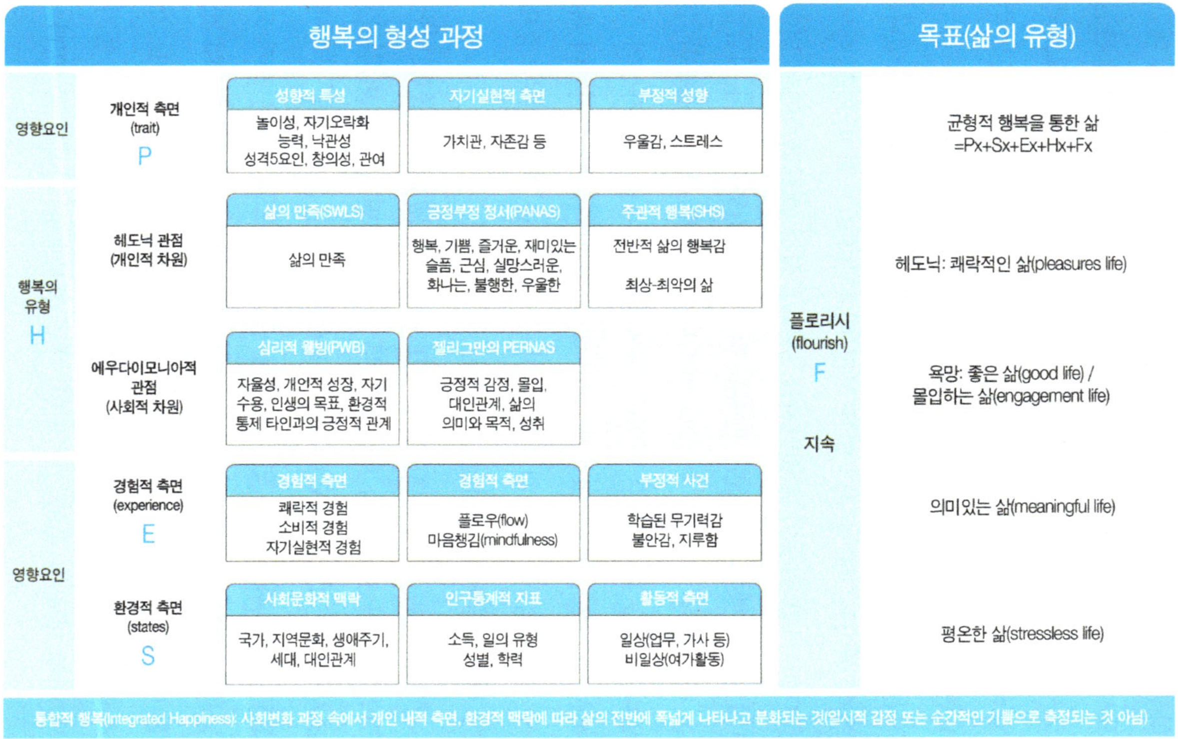

[그림 1-7] 행복이론의 종합정리 모형

Ⅱ 장

여행이 일상인 시대: 우리는 왜 여행을 하는가?

1. 여행의 역사
2. 여행의 동기와 제약
3. 여행행복 담론

1 여행의 역사

1. 서양의 여행 역사

서양 여행의 역사는 고대 그리스 시대에서 출발한다. 고대 그리스의 도시국가들은 상업과 교역이 크게 발달하였으며, 기원 전 776년에는 현대 올림픽 게임의 효시인 도시축전이 열렸다. 로마 제국은 "모든 길은 로마로 통한다"라는 말처럼 인적, 물적 자원이 모이는 세계 중심지로 발전하였다. 이 당시 여행은 순수 여행목적보다는 전쟁이나 교역 활동에 겸한 것으로 여행의 의미가 아직 정립되지 않은 초기 여행(early travel)의 시기이다.

중세 시대(Middle Ages)는 봉건사회의 시기였으며 로마 가톨릭 교회가 지배하던 시기로 크고 작은 종교전쟁이 일어났다. 이 시대에는 순례여행(pilgrimage)이 크게 성행하였고 실크로드를 통한 교역 활동으로 동서양 간에 여행이 늘어나기 시작하였으며 관련 여행기록물들이 많이 남겨졌다. 이 시기는 여행 목적의 순수한 여행이 시작된 시기로 규정할 수 있다. 또한 여행(travel)이라는 용어가 처음 등장하였는데, 'travel'의 어원은 프랑스 고어인 'travail'로 일, 투쟁, 고행 등의 뜻이었다(김동섭, 2015).

근세 시대는 르네상스(Renaissance)와 종교개혁(Reformation)의 시기로 문화 회복과 인문주의(humanism)를 태동시키는 시기이다. 이 시기에 화약과 나침반, 인쇄술 등 과학기술이 크게 발전하여 상업과 무역업이 급속도로 발달하였다. 또한 16세기부터 17세기 사이 로마 가톨릭 교회의 개혁을 요구하는 종교개혁운동이 일어났는데, 이 종교개혁운동은 교회의 개혁뿐만 아니라 다른 면에서 근대국가 시대를 여는 초석이 되었다.

이 시기 여행활동의 특징은 그랜드 투어(Grand Tour)인데, 그랜드 투어는 영국의 상류계급 사회에서 유행했던 학습여행을 말한다. 이후에 유럽 상류사회 전체로 확대되었으며 이탈리아, 프랑스, 스위스 등에서 역사교육과 예술문화 학습을 목적으로 장기간 여행을 하였다. 근세 시대는 기획된 여행(programmed travel)인 투어(tour)가 처음 시작되어, 여행을 위한 목적지가 사전에 결정되고 목적지에서 활동의 전반적인 일정이 사전에 기획된 여행이었다.

1789년 프랑스 혁명 이후부터 1945년 제2차 세계대전 종전까지의 근대 시대는 산업혁명과 함께 증기기관 발명과 같은 기술의 발전이 이루어졌다. 증기기관이 발명되면서 교통 기술이 발전하였고, 1830년 철도를 이용한 여객 수송이 시작되면서 1841년 최초로 단체여행 사업이 시작되었다. 토마스 쿡(T. Cook)은 여행자 모집을 위해 여행상품 광고와 에스코트 투어사업도 시작하였고, 미국에서는 1869년 최초 대륙횡단 철도가 건설되면서 1891년 아메리칸 익스프레스사가 처음 여행자 수표를 발행하기도 하였다. 1811년 'tourism'이라는 용어가 영국 옥스퍼드사전에 처음 실렸고, 'tourist'라는 용어가 처음으로 프랑스 잡지에 등장했다. 관련 시대는 산업혁명, 자본주의, 근대국가의 형성 등 사회적 변화와 일반 시민의 여행참여 확대, 여행활동의 사회적 관계가 형성되는 시기였다(Chard, 1999).

제2차 세계대전이 종전되고 현재까지를 현대 시대(Modern era)라고 하는데 종전 이후 마셜플랜(Marshall Plan)이라고 하는 대외 원조사업을 실시하였다. 관련 사업 중 하나가 미국인의 유럽여행 장려사업으로 미국인 관광자들의 소비를 통해 유럽 경제 부흥을 지원하고자 한 내용이다. 현대 사회에 들어서 과학기술의 발달로 항공기술이 발달하면서 대륙횡단 비행이 시작되었고 본격적 항공시대가 열리며 대중관광(mass tourism)의 시기로 진입하였다.

1990년대에 들어서면서 독일 통일, 동유럽 국가들의 탈공산화 등 세계가 탈냉전시대로 들어서는 변화를 맞이하였다. 이후 글로벌 경제시대가 열리고 정보통신기술의 발달로 민주화, 세계화, 정보화가 사회 전반에 많은 변화를 일으켰다. 이런 변화가 관광부문에서도 나타나면서 개별자유여행(Free Independent Travel), 특별목적여행(Special Interest Travel), 책임여행(Responsible Travel) 등 새로운 형태의 여행이 등장하였고 새로운 관광(New Tourism)시기로 진입하게 되었다(이연택, 2015).

2. 한국의 여행 역사

고대 시대, 여행은 교육이나 공무, 교역 등을 목적으로 이루어졌다. 정치적으로 고대 국가통치체제가 형성되고 철제 농기구의 발달로 농경사회가 자리 잡기 시작하며, 불교가 전래되면서 중국 대륙과 문화교류가 활발하게 이루어졌던 시기로, 삼국시대에는 불교 유학을 위해 승려들이 당나라와 인도로 유학을 떠나거나, 문물 교류에 있어서 당과의 교역량이 크게 증가하고 일본과도 물자 교역 및 문화교류가 활발히 이루어졌다. 아라비아 상인들과도 울산항이나 당항성을 중심으로 해상교역이 이루어졌다. 이 시기는 본질적 여행의 의미 보다는 다양한 차원의 교류 중심이었기 때문에 초기여행(early travel)의 시기라고 한다(이연택, 2015).

10세기 초반부터 14세기 말까지 들어섰던 고려시대는 고대사회에서 중세사회로 전환기에 속하는데 이때 고려는, 종교적으로 불교를 국교로 삼아 불교 의식이 생활 전반에 영향을 미쳤다. 이 시기에는 대외교역이 활발하게 이루어졌는데, 중국 송나라와의 교역에서는 인삼, 종이, 수공예품 등을 수출하고 비단, 차, 약재 등을 수입하였다. 또한 고려의 수도였던 개경에는 외국의 사신이나 상인들이 머물 수 있는 숙박시설들이 설치되었으며, 먼 아라비아에서 온 상인들을 위한 집단거주지까지 설치가 되었다. 이 시기는 본질적인 여행의 의미가 정립되어 가고 있었지만 아직은 초기 여행(early travel)의 시기에 해당된다고 할 수 있다.

조선시대는 크게 전기, 중기, 후기로 구분되는데, 초기는 국가의 통치제도에 대한 개혁과 정비가 이루어지며 성리학을 기본으로 학문, 군사, 과학, 문화 등이 발달한 시기이다. 조선시대 중기는 내부적으로는 제도개혁 과정에서의 결함들이 드러나면서 혼란스러웠고, 외부적으로는 외세의 침략으로 국력에 손실을 입었다. 조선시대 후기는 근대사회로 가는 전환기적 시기로 전쟁의 상처 회복과 사회개혁을 위한 변화가 이루어졌다. 그러나 세도정치가 심화되고 국가의 기강이 흔들리면서 사회 혼란이 가중되었고, 외세에 의해 문호를 강제로 개방하게 되었다. 조선 중기시대 여행활동으로는 양반계급의 유람문화가 시작되었고, 18세기부터는 실학의 발전으로 청나라나 일본을 방문하는 경우도 증가하였다. 이 시기는 본격적인 여행(travel)의 시기라고 할 수 있다.

19세기 후반에는 강화도 조약으로 문호가 개방되며 일본에 이어서 미국, 영국, 독일, 러시아, 프랑스 등 외교관계가 확대되었고 외국인의 입국이 증가하였다. 특히, 국가 간의 공적 왕래와 선교 목적의 왕래가 늘었다. 선교사들의 도움을 통해 유학, 견문, 이주 등의 목적으로 민간인들의 출국도 증가하였다. 이후 개화기와 일제강점기에는 교통기술이 도입되면서 근대적인 호텔이 처음으로 들어섰다. 1888년 인천에 대불호텔이 건립되었고 1902년 서울 정동에 손탁호텔이 건립되었다. 1912년에는 서울역 인근에 조선호텔이, 1936년 최초의 상용호텔인 반도호텔이 건립되었다. 이 시기는 국내외 관광객이 국제여행에는 여러 제약이 있었지만, 관광산업의 기초가 형성되는 단계로 볼 수 있다(한국관광학회, 2012).

제2차 세계대전 이후 대한민국 정부가 수립이 되면서, 한국은 경공업을 시작으로 중화학공업, 자동차·기계 산업을 바탕으로 경제성장을 이루었다. 특히 1988년 서울 올림픽이 개최되면서 세계 각국과의 문화교류가 크게 활성화되었다. 1990년대 후반은 드라마와 영화, 대중음악을 통한 한류(Korean wave)의 확산으로 문화산업이 크게 발전한 시기이다.

1960년대는 관광행정기반이 형성되면서 본격적인 관광의 시대가 열렸다. 1961년 「관광사업법」 제정, 1962년 국제관광공사 설립, 1963년 교통부 관광국 설치, 1965년 국무총리실 관광정책심의위원회 설치, 1971년 10대 관광권역 설정, 1977년에는 국민관광지가 지정되었고, 1989년 비로서 해외여행 자유화가 이루어지면서, 1990년대에 국민의 해외여행이 급증하게 되었고, 본격적인 한국의 대중관광(Mass Tourism) 시기를 맞게 된다(한국관광학회, 2012).

과거 여행은 일상생활을 떠나야 하고, 일정한 시간적인 범위를 필요로 하는 이분법적인 경험으로 이해되었다(Franklin, 2003). 하지만 최근 들어 일상과 여행의 경계가 무너지고 있으며, 일상과 탈일상이 공존하는 형태로 트렌드가 변화하고 있다. 즉, 일상에서 발생하는 사회구조에 의한 경험과 일상을 떠난 관광지에서 발생하는 경험이 반드시 분리되지 않는 것이다(서용석·이훈, 2013; Munt, 1994).

이훈(2006, 2013)은 여가와 관광은 공존관계를 형성하고 있으며 의존적 연계성과 연장성을 인정하는 통합적 관계맺음을 하고 있다고 한다. 즉, 관광 재방문과 체류기간을 늘리기 위해서도 일상 여가 인프라와 콘텐츠 확충이 필요하며, 여가와 관광을 통합하는 차원의 지역축제와 문화관광 정책의 중요성을 제안하고 있다. 여행은 휴가기간에만 이루어지는 것이 아니라 일상의 한 부분으로 자리 잡았다고 볼 수 있다. 고동완(2016)은 최근 관광트렌드 중 하나로, 지역의 방문객이 아닌 실제 관광 지역에 사는 것과 같은 생활형 관광이 인기를 끌고 있다고 제시하였다. 이렇게 현지인처럼 생활하기, 지역주민에게 혜택이 돌아가는 공정관광, 지역의 환경과 생태에 관심을 갖는 그리너(greener)관광 등은 관광객 자신의 진정한 가치 추구와도 일맥상통한다고 하였다. 현대인의 경험과 가치를 중요시하는 특징이 여행에서도 드러나고 있다.

여행이 일상화가 되고 있는 이유는 다양하다. 그중 하나는 여행경험을 통한 행복가치가 사회적으로 보편화되고 있다는 점이며, 교통 등 인프라 역시 잘 갖추어지고 있기 때문이다. 특히, 관광산업은 IT기술 및 소셜미디어의 등장과 더불어 개인의 가치관과 문화적 욕구에 따라 융복합화가 이루어지고 있다(안희자, 2015). 또한 여행 관련 프로그램의 인기, 인터넷과 SNS 매체들의 발전과 확대로 국내외 여행에 관한 수요가 크게 증가하고 있다(송기문, 2018). 특히 티비 예능 프로그램의 영향력은 현대인들에게 강한 영향을 끼치며, 여행의 욕구를 만들어 내는데 중요한 역할을 하였다.

페이스북, 인스타그램 등과 같은 소셜네트워크 서비스의 발달로 사람들의 여행 욕구는 더욱 자극되었다. 다른 사람들의 SNS를 보며 많은 사람들이 다녀온 핫플레이스(hot place)에 가서 인증을 하고 싶어 하고, 인생샷으로 불리는 사진을 올려 많은 관심을 받고 싶어 하는 욕구 역시 여행을 일상화시킨 주요 요소 중 하나이다. 뿐만 아니라 소셜미디어를 통해 맛집, 숙박, 관광, 쇼핑, 교통 등 다양한 정보가 쉽고 넓게 공유되는 가운데, 관광 관련 정보를 다양하게 확보할 수 있는 정보접근성도 중요한 영향을 미쳤다(현성협 · 이광호, 2015).

특히 현대인들은 스스로 가치를 높게 부여하는 상품은 비싸더라도 과감하게 투자하는 가치소비 경향이 높다. 특히 여행에서는 다양한 체험을 통해 직접적인 경험을 수반하는 소비가 이루어지고 있고(최인수 외, 2015), 문화체험과 체험관광이 주요 트렌드로 부상하면서 체험을 추구하는 여행객이 크게 증가하고 있다(이상열 · 이원희, 2013).

2 여행의 동기와 제약

1. 여행의 동기

행복은 인간의 삶에서 추구하는 방향성이자 주된 목표이다. 행복한 삶의 기준은 시대와 사람, 환경에 따라 다른 기준을 가지고 있어, 행복을 추구하는 방식도 다양하게 존재할 수 있다. 소비와 자본주의를 기반으로 하는 사회에서는 돈을 어떤 방식으로 사용하느냐에 따라서 개인의 행복이 결정될 수 있다. 또한, 지금과 같은 정보화 시대에는 정보에 대한 접근도가 어느 정도냐에 따라 행복의 정도가 달라질 수 있다. 이처럼 행복을 결정하는 것은 개인이 처한 환경에 따라서 충분히 다르게 나타날 수 있고, 행복을 추구하는 방식 역시 개인의 생각과 개인이 처한 상황에 따라 달라질 수 있다(Lee, Hall & Wood, 2018).

우선 여행행복을 이해하기 위해서는 여행 동기를 이해하는 과정이 필요하다. 여행자가 관광을 시작하는 동기는 매우 복잡하고 다면적 특징을 지니고 있다(Uysal *et al.*, 1993). 동기는 개인의 상황과 사회적 배경에 따라 달라질 수 있는 것으로 사람의 행동과 활동을 통합하는 동시에 심리를 자극시키며 심리적 · 생물적 필요와 욕구를 자극시키는 것으로 정의될 수 있다(Iso-Ahola, 1980). 여행 동기는 여행자의 독특하고 특별한 여행 행동을 유발시키며 개인 가치관의 변화와 이를 둘러싼 사회 · 환경적 변수에 따라 상이하게 나타날 수 있다(Uysal *et al.*, 1993).

행복한 여행을 정의하는 기준 역시 사회의 풍토, 개인의 여행경험, 사회 구조와 심리적인 제약 상황에 따라 다르게 나타날 수 있다. 현대사회에서는 소비를 자극하는 여행이 풍토를 이루고 있는 가운데, 소소한 일상 속의 행복을 추구하는 경향이 동시에 나타나고 있다. 또한 일상 생활권 내 여행을 비롯하여, 자연환경 중심의 비대면적인 여행 등이 인기를 끌고 있다. 이처럼 여행현상은 사회, 문화, 개인의 차이 등에 따라 변화할 수 있으며, 여행행복의 기준 역시 탄력적으로 변화할 수 있다.

따라서 여행행복 연구를 체계적이고 객관적으로 이해하기 위해서는 개인의 상황과 개인을 둘러싸고 있는 사회체계 및 사회현상을 정확하게 이해하는 과정이 필요하다. 이를 위해 여행행복과 관련된 여행 동기를 개인적 · 사회적 요인으로 구분하고 동기를 제약하는 요인이 무엇인지 다층적으로 정리하는 것이 필요하다. [그림 2-1]은 성향-자극-반응 모형으로 추진요인(Push factors)과 유인요인(Pull-factors)은 "어떠한 힘" 또는 요소에 의해 동기가 유발되거나 끌리는 것을 전제한다. 개인적 · 문화적 조건을 고려하거나, 사회심리학적으로 추진-유인 요인을 제시한 것으로 추진요인은 개인의 욕구와 내재적 동기 등으로, 유인요인은 대상의 매력성과 관련된 것으로 목적지 환경, 서비스, 접근성 등과 연관된다(MacCannell, 1977).

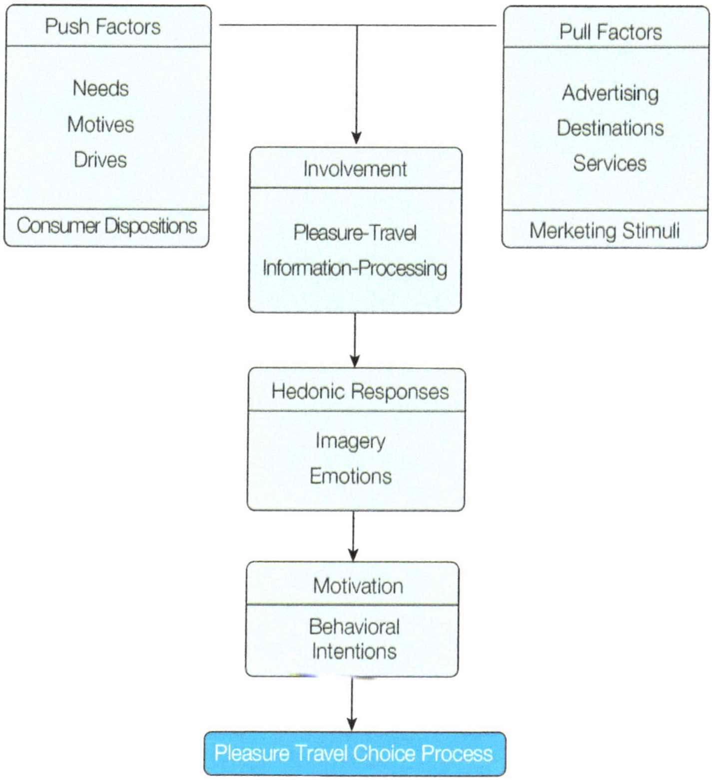

출처: Goossens(2000).

[그림 2-1] 동기기반 여행행복 선택 과정

여행행복이 무엇인지 파악하고 통합적 여행행복모형을 개발하기 위해서는 사람들이 어떤 이유로 여행을 떠나는지 여행의 동기(Motivation)를 이해하는 것으로부터 시작할 필요가 있다. 선행연구에 따르면 여행을 떠나는 동기는 크게 '심리 차원, 관계 차원, 보상 차원'으로 분류할 수 있다.

[표 2-1] 여행을 떠나는 동기 SSCI 저널 중심 분류

대분류	소분류	세부사항
심리 차원 (psychological factor)	정서적 요인	긍정적 스트레스(Eustress), 지루함, 아노미 극복, 불안애착, 정신적 치료, 과거의 향수
	일탈적 동기	사회적 압력탈출, 자유로움, 혼잡도 탈피, 광활한 환경추구, 자극 추구
	쾌락추구	쾌락추구, 스릴/흥분, 삶의 즐거움, 미학적 경험
관계 차원 (relational factor)	관계형성	사회적 관계, 감정 공유, 새로운 관계형성, 가족 화합
	사회적 인정욕구	사회 작용 촉진, 자랑하고 인정받기
보상 차원 (compensatory factor)	지식추구	지역문화 학습, 특별한 경험 추구, 호기심, 신기성, 지식축적, 자연에 대한 이해, 새로운 경험추구
	자아실현	의미 있는 여행, 정서적 충족, 자기 성취, 삶의 의미 찾기, 자아정체성 찾기

자료: Carlson & Hapfield(1992), Thoits(1985), Buruno(1983) 등.

가. 심리 차원

여행 동기 중 심리적 차원은 세부적으로 '정서적 요인, 일탈적 동기, 쾌락추구 요인'으로 구분될 수 있다. 정서적 요인에서 정서란 특정한 내·외적 변인들에 관하여 경험적·생리적·행동적으로 반응하는 것으로 유전적으로 결정되어 있거나, 후천적으로 습득된 동기 경향이다(Carlson & Hapfield, 1992). 정서는 생물학적·심리적 동기와 같은 양식으로 행동을 유발시키고 방향 지을 수 있으며, 대개 유쾌한 것과 불쾌한 것으로 구분할 수 있다. 또한, 심리적으로 스트레스를 받은 상태나 지루함, 아노미 현상으로 인한 불안한 상태 등을 포함하는 개념이다.

일탈적 동기는 개개인이 일상생활에서 경험하는 제한된 삶을 벗어나 새로운 여행지로 떠나 일탈적인 환경에 놓여 있는 것을 말하며 이는 사회적 압력으로부터의 탈출, 자유로움 추구, 일상과 다른 광활한 환경에 대한 열망 등을 포함하고 있다. 행복한 여행을 떠난 사람들의 일탈적 동기를 살펴보면, 사회로부터의 압력 등 기존 공간을 심리적·신체적으로 떠난 상태를 나타낸 경우가 많았으며 이와 같은 상태에 있을 때 '여행에서 행복'을 느끼는 것으로 언급되었다. Shields(1992)는 일탈적 동기를 설명하며 관광지를 '리미널존(liminal zone)'으로 묘사하였는데, 리미널존은 사회로부터 제약은 최소화되고 자유는 극대화될 수 있는 공간이다.

쾌락추구에서 쾌락주의(hedonism)는 행복(well-being)의 개념에서 개인의 주관적인 경험측면으로 이해될 수 있으며, 개인이 중요하게 추구한 것을 획득하였을 때 느끼는 긍정성 인지 상태(Kraut, 1979)와 개인이 경험을 통해 얻게 되는 즉흥적이고 우연적인 재미와 기쁨 등의 감성으로 정의할 수 있다. 이영진(2010) 역시 여행활동에서의 쾌락성을 일탈성, 신기성 등으로 설명하고 있으며 체험을 통해 느끼는 즐거움, 재미, 흥분, 희열 등의 감성으로 개념화했다.

나. 관계 차원

여행행복을 추진하는 동기는 크게 '관계 형성, 사회적 인정욕구'로 구분될 수 있다. 관계 형성은 개인과 개인 사이에 존재하는 것으로 타인과 화합을 원활히 할 수 있느냐와 같이 더 좋은 관계를 유지하기 위한 모든 행위를 포함한다(탁계관, 2009). 사람은 사회적이며 관계적인 존재로 여행 행위 중에도 사회 속에 타인과 상호작용하며 심리적인 결속을 경험하고 다양한 심리적 상태를 경험하게 된다. 실제 행복한 여행을 떠나기 위한 동기로 다수 선행연구에서는 사회적 관계 추구와 타인과 감정 공유 등을 언급하고 있다.

사회적 인정욕구는 광의적 의미로 사회적 지지에 포함된 개념이다(Thoits, 1985). Cobb(1976)에 의하면 사회적 인정 욕구란 "사람이 사랑받고, 존중받으며, 인정받는 관계망을 형성하는 것"이라고 언급하였다. 즉, 관련 욕구는 정서적 관심과 개인 자신에 관한 긍정적 평가 등의 내용을 포함하는 대인적 행위로 규정할 수 있으며, '사회 작용 촉진, 자랑하고 인정받기' 등 타인으로부터 받는 긍정적인 지지에 대한 것을 포함한다.

다. 보상 차원

보상 차원은 지식 추구와 자아실현으로 구분할 수 있는데, 지식 추구는 여행지에서 획득할 수 있는 지식충족 욕구의 의미로 이해될 수 있다. 이는, 여행경험을 통해 지식을 얻고자 하는 동기를 의미하는 것으로 여행 대상지에서 기존에 얻지 못한 새로운 지식을 얻거나 대상지에 대한 이해도를 높이는 것을 말한다.

여행객은 단순히 쾌락만 추구할 때 행복을 느끼는 것이 아니라 지식문화를 학습하거나, 호기심을 충족하고 대상에 대한 새로운 이해를 얻고 보상받을 때 더 큰 만족감을 느끼고 이를 통해 여행 행복을 얻을 수 있다. 또한 여행지 축제 등에 직접 참여하는 것을 통해 교육적 효과를 얻을 수 있다(이훈 · 김미정, 2011).

또한 자아실현(Self-Actualization) 동기를 기반으로 여행을 떠나고 이를 통해 행복을 얻는다. 자아실현은 인간의 모든 발달을 포함하는 개념으로 이해할 수 있으며, 되어감(Becoming)의 상태, 믿음, 존재의 상태로 볼 수 있다. Buruno(1983)는 자아실현을 잠재적인 성취 욕구라고 언급하며 하나의 개인이 심리적으로 완전성을 얻기 위한 노력이라고 정의하였다.

즉, 여행에서 자아실현은 개인이 원하는 가장 이상적인 자신이 되는 것, 특정한 여행에 본인과 관련지어 진정성 있게 참여하고, 여행에 몰입하는 과정을 통해 바람직한 자신으로 변해가는 것이라고 이해할 수 있다. 이와 같은 여행 활동은 전환관광과 같이 삶의 진정한 의미를 찾으려고 하는 것이며, 의미 있는 삶을 위해서 개인의 욕구를 초월하고, 특정 여행행위를 통해 행복감에 도달하는 것으로 표현할 수 있다. 여행 속에서 정서적으로 충만함을 느끼고 자기 성취와 같이 의미 있는 경험을 통해 행복감을 얻을 수 있다. 자아실현 여행 동기는 여행을 단순한 오락행위 보다는 개인 삶의 의미를 찾고 자기 성취를 하는 것이다.

라. 행복 차원

여행 동기 차원에서 추가로 제시되는 것은 행복을 추구하기 위해서라는 것이다. 그런데 여행의 특별한 동기로서 행복이 그 여행을 만들기 보다는, 오히려 행복하다고 인식하고 있는 사람들이 여행행위를 할 때 행복을 지각하게 된다는 주장도 있다(Abbe, Tkach, & Lyubomirsky, 2003). Abbe *et al* (2003)의 연구는 행복한 사람들이 행복을 유지할 수 있는 원인을 찾고자 실험연구를 하였다. 연구결과 자신을 행복하다 인식하는 사람들은 그렇지 않은 사람들과는 다른 반응을 보였다. 행복한 사람들은 자신의 현재 힘든 상황보다는 후속 일에 더 집중하면서 그것을 원활하게 수행하도록 집중하는 것으로 나타났다. 행복한 사람은 그렇지 않은 사람보다 부정적 사건을 덜 부정적으로 평가하고 긍정적으로 이해하고자 하였다. 또한, 객관적인 상황이 비슷함에도 불구하고 객관적인 상황이 비슷함에도 불구하고 행복한 사람들은 불행한 사람들과는 다른 주관적인 세계를 경험하는 것으로 나타났다.

즉, 같은 상황에서도 자신의 행복을 유지하고 향상시키려는 사람들은 부정적인 삶의 사건과 부정적인 분위기를 경험할 때에도 자신의 환경과 자신을 긍정적으로 보는 경향이 있다는 것이다. 이와 같은 결과는 행복한 여행에도 적용이 될 수 있다. 스스로 행복하다고 인식한 사람이 여행에서 행복을 얻을 수 있고, 이는 곧 행복 자체가 여행을 떠나기 위한 동기가 될 수 있다는 것으로 이해할 수 있다.

2. 여행의 제약

행복한 여행을 유도하는 동기 요인을 분석함과 동시에 상대적으로 행복한 여행을 떠나기 위한 행동을 제약하는 요인이 무엇인지 파악하고 분류하는 것도 필요하다. 기존 제약이론은 여가 분야에서 다수 연구되었는데, 선행연구의 여가제약 개념을 이해하고 연대기적 발전과정을 살펴보는 것은 여행행복을 제한하는 제약요인을 분석하기 위해 필요하다. 여행제약 연구는 개인의 여행활동 참여 과정를 위해 어떤 복잡한 과정을 거치고 극복했는가를 이해할 수 있게 한다. 여행제약 연구의 목적은 개인의 여행선호와 여행활동을 통한 행복 추구를 제한하는 요소를 밝혀내고 이를 통해 개인과 사회에서 극복해야 할 것이 무엇인지 알 수 있게 해준다.

가. 여행제약이란?

'여가 제약'은 초창기 '여가 장애(leisure barriers)' 개념으로 연구가 시작되었다. 관련 개념을 처음으로 정의한 Lewin(1951)은 '여가 장애'를 여가활동을 제한하는 힘 또는 개인에게 작용하는 내적 심리 상태 및 외적 환경을 의미한다고 언급하였다. 여러 여가학자들은 다양한 관점으로 여가장애를 정의하였으며, 이후 전반적 여가참여에 있어 즐거움을 억제하고 방해하는 요인으로 '여가제약'은 정의 되었다(Jackson, 1988). 여가제약은 여가활동 참여를 제한하는 다양한 요인들이 포함되어 있으며 대표적으로 내재제약, 대인제약, 구조제약 3가지로 구분될 수 있다. 내재제약은 여가에 대한 흥미 부족 등 개인의 내적인 원인에 근거하는 제약요인이며, 대인제약은 함께 여가활동을 할 동반자의 부족 등에 근거하는 제약요인이다. 구조제약은 시설, 환경, 시간, 재원 등 개인을 둘러싼 사회와 환경 및 여건에 근거한 제약을 의미한다.

제약의 개념적 분류를 내적 제약과 외적 제약으로 구분하여 사용하기도 한다. 내적 제약은 개인적인 특성과 관련된 것이고 외적 제약은 개인의 주변부에 있는 사회적 · 물리적 환경의 특성과 관련된 것이라고 할 수 있다. 즉, 외적 제약은 여가를 하는 개인의 심리적 상태가 아닌, 개인을 둘러싼 사회적인 조건에 의한 제약이라고 정의할 수 있다. 이처럼 제약을 구조화하는 이유는 개인과 사회 구조 속에서 제약을 유기적으로 이해하고, 여가활동과 관련된 사회 현상에서 궁극적인 여가 제약의 원인을 규명하기 위한 것이다. Iso-Ahola & Mannell(1985)은, 여가제약을 이해할 때 개인마다 처해진 현실과 느끼는 심리상태, 여가활동에 관한 선호와 관심 정도가 다르다는 것을 인지해야 함을 주장했다.

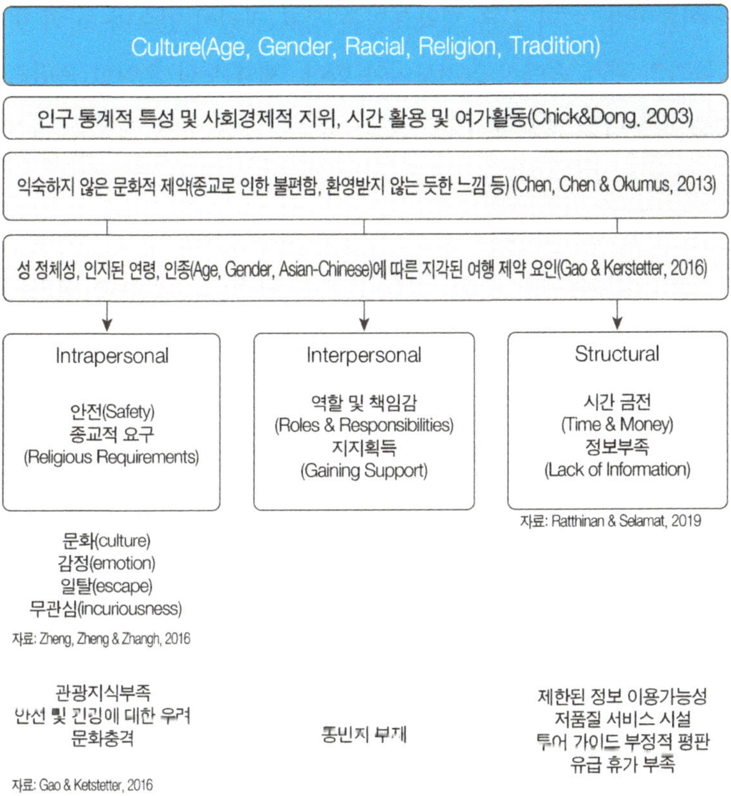

[그림 2-2] 제약요인 3요소의 구성 체계

Kay & Jackson(1991)은 여가제약을 개인이 여가선호를 형성할 때 관련 욕구를 제한하고, 여가의 즐거움을 방해하는 것으로 규정하였다. 여가제약은 여가 활동에 참여하고 싶지 않은 원인, 활동에 참여하고 싶으나 할 수 없는 원인, 또는 참여하였으나 불만족한 이유이다. 이와 같은 제약요인은 상호 관련이 있으며, 하위 변수들과의 관계 속에서 살펴보아야 한다. 제약은 한 요인만 독립적으로 영향력을 행사하기보다 여러 요인이 조합하여 영향을 미친다. Crawford & Godbey(1987)는 여가제약을 사회심리학적으로 개인의 여가 참여를 제한하는 요인으로 정의하였고 개인이 지각하는 내적 심리상태와 특성, 성격과 외적 환경을 의미하는 것이라 제시했다. 또한, 여가제약은 내재적 제약(intrapersonal constraints), 대인적 제약(interpersonal constraints), 구조적 제약(structural constraints)의 세 가지 차원으로 구성되어 있으며, 개인의 여가선호에 따른 참여 과정이 내재적, 대인적, 구조적 제약 순서로 순차적, 위계적으로 작용한다고 주장한다. 관련 모형은 여가 선호와 참여 사이에 발생할 수 있는 제약을 유형화하여 설명하였다는 것과 여가 선호가 형성되는 단계에서도 제약이 발생될 수 있음을 발견하였다는데 의의가 있다.

여행행복을 제한하는 제약요인을 분석하기 위해서는 여가제약의 변화 과정을 분석해야 한다. 앞서 언급한 바와 같이 Crawford & Godbey(1987)는 여가제약을 '내재적 제약, 대인적 제약, 구조적 제약'으로 구분한다.

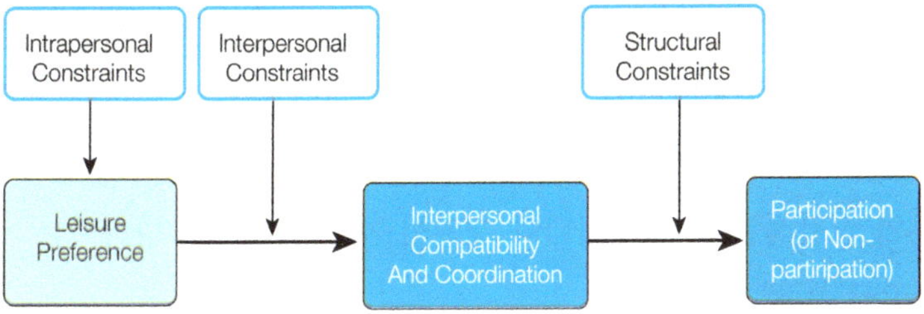

- A hierarchical model of leisure constraints -

자료: Crawford *et al.*(1991).

[그림 2-3] **레저제약의 위계적 모형**

내재적 제약은 개인에게 내재되어 있는 여가에 대한 선호와 참가 방해요소로 여가를 향유하는 개인적인 심리상태와 특성을 말한다. 예를 들어 스트레스, 우울함, 갈등, 분노, 특정 여가활동에 대한 이전의 사회화, 자신감 결여 등이 포함된다. 이러한 제약들은 외부환경에 영향을 받을 수 있지만, 대부분은 개인적인 환경에서 나타난다. 대인적 제약은 개인과 개인 간의 상호 관계에서 나타나는 제약으로 같은 여가활동에 참가하는 동반자와의 관계 지각이 이에 포함된다. 구조적 제약이란 외재적인 제약으로 계절, 환경적 상황, 경제적 상태, 시간, 시실, 시회제도의 규범 등이 해당된다.

한편, 문화적 제약으로 접근하는 연구들도 살펴볼 수 있는데, 문화적 제약은 개인적 제약, 대인적 제약 및 구조적 제약의 기반이 되는 용어로 인구통계적 특성 및 사회경제적인 지원, 시간 활용 및 여가활동과 익숙하지 않은 새로운 문화 기반의 제약 등을 포함하는 개념이다(Chick & Dong, 2003). 문화적 제약은 구조적 제약과 일부 유사한 개념을 포함하고 있으며, 개인과 동반하는 여행자 등의 직접적인 관계가 아니라 개인이 처한 상황에서 나타나는 제약으로 이해할 수 있다.

Jackson *et al.*(1993)은 북미를 중심으로 이루어진 기존의 여가제약 연구가 개인을 중심으로 이루어져 있음을 비판하며, 일본과 중국의 문화적 집단 속에서 제약 인식에 대한 이해가 필요함을 언급하였다. 또한 문화적인 배경에 의해 개인의 제약 상황은 변화될 수 있는 문화적 규범을 지니고 있다고 제시하였다. 여행과 여가 중에 해야 할 것과 하지 말아야 할 것이 사회·문화적 통념에 의하여 규정되어 있다는 의미이다.

이후 여가제약 연구는 여가참여를 위해 현실적 제약을 극복하고 여가의 적극적 참여를 목적으로 관련 연구가 진행되었다. 1990년대 이후, 여가제약은 극복할 수 없는 대상이 아닌 협상의 대상으로 인식되었으며(Nadirova & Jackson, 1999) 제약협상 과정에 대한 연구는 Jackson *et al.*(1993)이 여가제약협상(constraints negotiation)의 개념을 제시하며 본격화되었다.

여가제약협상은 '동기, 경험, 제약, 협상 그리고 참여'로 구분하여 여행 및 여가를 사회심리학적, 행동적인 과정으로 이해하고 있다. 여행에서 제약적 상황이 극복 또는 협상 가능한 요인으로 인식될 수 있다고 언급하며, 관련 내용을 경험적으로 증명하였다. 구체적인 내용은, 여가 동기는 참여에 직접적인 영향을 주고 협상의 긍정적인 면을 통하여 여가참여에 간접적인 영향을 미친다는 내용이다(Jackson *et al.*, 1993).

나. 여행제약 연구 확대

여가제약의 개념적 분류 및 연구의 확대 동향을 살펴보면 다음과 같다.

[표 2-2] 제약 요인의 개념적 확대

제약요인	학자구분	해당 변수 활용 근거
내재적 제약 대인적 제약 구조적 제약	Crawford & Godbey(1987)	(1) 내재적 제약: 중요성의 주된 관계는 선호와 장벽 있음 (2) 대인적 제약: 내재적 제약 불일치/대인적 관계 행동패턴으로 발생 (3) 구조적 제약: 사회구조적 현상에 따른 제약
협상	Jackson, Crawford & Godbey(1993)	여가제약협상 여가제약이 극복 또는 협상 가능한 요인 인식
문화적 제약	Chick & Dong (2003)	(1) 기존 여가제약 연구 비판하며 일본과 중국에서 연구 타당성 확인 (2) 문화적 제약은 "규범"을 지님. "해야 할 것"과 "하지 말아야 할 것" 규정
학습된 무기력감	Lee, Agarwal & Kim(2012)	(1) 여행제약요인은 여행의도에 부정석 영향 (2) 내재적 요인, 구조적 요인은 학습된 무기력감에 영향 (3) 통제할 수 없는 필연적 상황에 지속적 노출 시 생성되는 심리

제약요인	학자구분	해당 변수 활용 근거
지각된 여행 제약	Seligman & Maier(1967)	(1) 성 정체성, 인지된 연령, 특히 남성과 여성 간 규정된 역할 (2) 문화 등 여행자의 사회적 정체성에 관한 연구
내적 제약 대인적 제약 구조적 제약	이훈(2005)	(1) 내적 제약 (2) 대인적 제약 (3) 구조적 제약
객관적-내재적 제약 주관적-내재적 제약 물질적 제약 대인적 제약 구조적 제약	정란수 · 이훈 · 이인재(2007)	(1) 행위 이전 단계에 '주관적 구조'가 제시되어야 함 (2) 구조적 제약은 사회구조/물질적/대인적으로 구분 (3) 여가참여에 직접적 영향을 주는 변수는 주관적인 내재적 제약요인임 (4) 여가제약모형에서는 거시구조, 사회체계, 미시적 행위를 구분함

특히, 정란수 · 이훈 · 이인재(2007)는 기존 레저제약모형이 개인의 행위 측면을 중심으로 이루어졌음을 비판하며 사회구조와 행위관점에서 사회구조 및 환경이 여가제약에 미치는 영향을 고려해야 함을 주장하였다. 연구자들이 제시한 기존 여가제약모형의 한계는 ① 주관적 구조(상부구조)의 부재, ② 구조의 개념 세분화 필요, ③ 동기와 제약 간의 관계성 고찰 필요, ④ 자율적 행위와 타율적 행위 구분 필요, ⑤ 사회구조와 행위의 관계성 파악 필요 등이다. 연구자들에 따르면, 기존 여가제약모형의 경우 Ritzer(1992)에 따른 주관적 구조(상부구조)가 나타나지 않았는데, 주관적 구조란

문화, 이데올로기, 헤게모니, 규범, 가치체계 등을 말한다. 본인의 가치관이나 신념과 관계가 있는 주관적 구조는 여가 선호 이전 단계에 제시되어야 함을 제안하였다. 또한 구조적 제약은 사회구조에 대한 제약, 개인의 물질적 제약, 대인적 제약으로 구분되어야 한다는 것과 여가참여에 직접적인 영향을 주는 여가제약 변수는 주관적인 내재적 제약요인이며, 조절변수는 객관적 내재적 제약, 대인적 제약, 물질적 제약, 구조적 제약 요인임을 제안하였다. 또한, 주관적인 내재적 제약은 자율적 행위이며, 객관적인 내재적 제약, 물질적 제약, 대인적 제약, 구조적 제약은 타율적 행위임을 설명하였다.

마지막으로 연구자들은 여가제약모형에서는 거시구조, 사회체계, 미시행위의 구분이 필요하며, 거시구조 단계는 구조적 제약, 사회체계 및 미시행위는 내재적 제약, 대인적 제약, 물질적 제약이 포함됨을 제시하였다. 기존 레저제약모형의 비판을 통해 구성된 통합된 여가제약모형은 그림 2-4와 같다.

지각된 여행제약(perceived travel constraints)에 관한 연구(Wen *et al.*, 2020)는 다음과 같다. 중국인 중년여성들을 대상으로 지각된 여행제약과 협상을 인구통계적 특성을 중심으로 연구한 결과, 성 정체성, 인지된 연령, 남성과 여성 간 뚜렷한 역할 등이 구성된 문화에서 사회적 정체성은 여행자의 여행심리 지각 상태를 변화시킬 수 있다는 것이 제시되었다. 즉 제약요인은 개인이 속한 문화, 개인의 특성, 개인의 심리상태 등에 따라 여행경험과 행동에 영향을 줄 수 있다(Wen *et al.*, 2020).

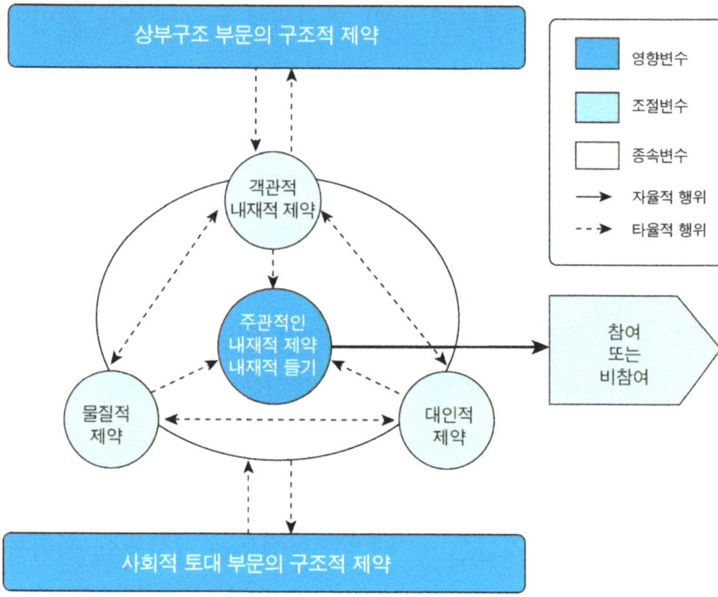

자료: 정란수·이훈·이인재(2007).

[그림 2-4] **통합된 여가제약모형**(M-ILC: The Model of Integrated Leisure Constraints)

다음으로 여행제약과 관련된 이론은 학습된 무기력(learned helplessness)으로, 이는 스스로 통제할 수 없고 피해 갈 수 없는 필연적인 상황에 지속적으로 노출되었을 때 생성되는 심리적인 특성이다(Seligman, 1975). 개인의 행동이 특정한 사건의 결과에 영향을 미치지 못한다는 신념이며, 이는 위기 상황 및 우울증과 비슷한 양상을 보인다(Hooker, 1976). 또한, 학습된 무기력은 긍정적인 결과와 관련되는 행동과 외부와의 반응을 감소시키며, 결과적으로 부정적 자아를 형성시킨다.

[표 2-3] 학습된 무기력감과 학습된 낙관주의

구분	주요 내용
학습된 무기력감 (Learned Helplessness)	통제할 수 없을 정도로 안 좋은 사건을 겪은 사람들은 수동적으로 되며, 미래를 위해 어떤 것도 시도하지 않으려 한다. 이들은 인지적으로 어떤 행동을 할 때 그 행동이 성공하지 않을 것이라 생각하는 경향이 있다.
학습된 낙관주의 (Learned Optimism)	나쁜 사건이 발생했을 때 "잠깐 이러는 것뿐이야. 내가 할 수 있는 일이 있을 거야"라고 생각하는 경향이 있다.

결론적으로, 여가활동 참여와 여가생활 만족은 행복에 영향을 미치는 주요한 요인으로, 여가 제약을 최소화할 수 있는 개인의 노력과 사회적 · 정책적 관심과 노력이 요구된다. 특히 여가제약은 개인적 특징과 인구통계적 특성, 사회구조 등에 따라 다양하게 유형화될 수 있어, 다양한 참여자(비참여자)들을 대상으로 여가활동 참여에 제약이 되는 요인들을 분석하고 행복감의 인과관계를 지속적으로 연구할 필요가 있다.

3 여행행복 담론

1. 삶의 만족과 여가

행복에 대한 연구는 국가별 행복에 대한 관심으로부터 시작되었다. 런던 대학의 Lucia Macchia가 이끄는 연구팀은 세계에서 가장 행복한 국가들을 확인하기 위해 WVS(World Values Survey)의 데이터를 조사했다. 약 100개국의 응답자를 대상으로 행복, 건강, 재정 및 삶의 만족도, 종교 및 성별을 포함한 다양한 심리학적 방법을 통해 30분 또는 60분간의 설문조사를 진행하였다.

국가의 부와 행복 사이에는 약한 관계가 있다는 것을 밝힌 과거의 연구와는 달리, WVS데이터 연구는 돈과 일보다는 여가를 더 우선시하는 문화가 더 높은 수준의 국가적 행복수준을 보여줄 것이라는 가설을 세웠다. 행복에 대한 국가별 차이를 조사하기 위해 삶의 만족도와의 관련성을 측정하였으며, 이를 위해 일의 중요성과 여가의 중요성을 평가하였다.

그 결과 '여가 우선' 사고방식을 보이는 국가들은 일반적으로 '일 우선' 사고방식을 보이는 국가들보다 더 높은 수준의 삶의 만족도를 보인다는 것을 발견했다. 아래 그래프는 노동력, 여가 가치와 국가별 만족도의 관계를 보여준다. 흥미로운 것은, 경제대국들 중 어느 누구도 상위 10위 안에 들지 못했다는 것이다.

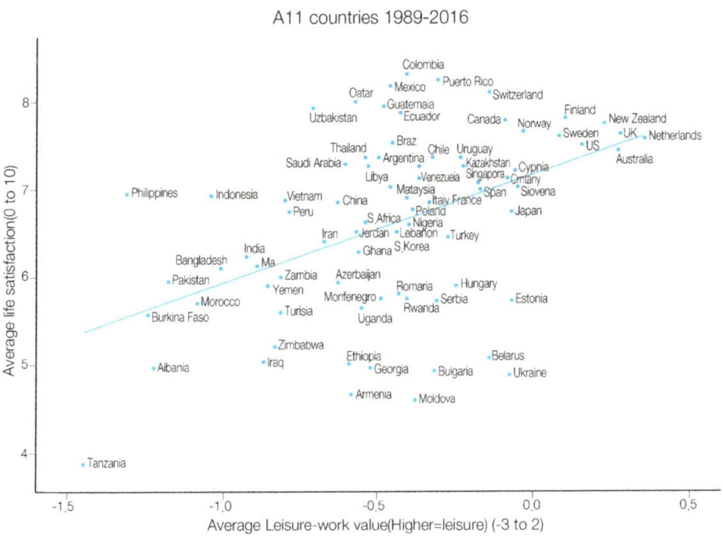

자료: Macchia & Whillans(2019).

[그림 2-5] 국가별 삶의 만족과 여가의 관련성

2. 행복한 사람의 DNA는 어떻게 다른가?

Nettle Daniel(2012)은 『행복한 사람의 DNA는 어떻게 다른가』라는 책에서 행복 추구 심리가 만들어 내는 인간의 함정과 딜레마를 보여준다. 대표적인 예가 '쾌락 쳇바퀴(hedonic treadmill)' 현상이다. 미국인들에게 집과 자동차, 해외여행, 수영장, 별장 등 행복한 삶을 가져다줄 주요 물건 목록을 조사하고, 16년이 지나 동일인들을 대상으로 동일한 조사를 진행했다. 그 결과, 사람들은 젊었을 때 집, 차, TV만 있으면 행복할 것이라고 했지만 16년 후에는 별장이 추가되고 또다시 요트가 추가되는 식으로 욕망 인플레이션은 지속되었다. 물질적 만족이 증가한다 해도 행복은 본질적으로 증가하지 않는다는 결과였다.

이는 '적응 현상(phenomenon of adaptation)' 때문이다. 새로운 상황에 적응하면 처음의 도취감은 사라지고 다시 예전의 행복 수준으로 되돌아간다. 일확천금을 얻은 복권 당첨자들도 일시적으로 행복이 증가할 뿐 몇 개월 후에는 이전의 행복 수준으로 되돌아가는 것이 대표적인 예다. 사람들은 지금보다 더 큰 행복을 얻기 위해 열심히 앞으로 내달리지만 행복감은 증가하기 어려울 수 있다. 적응 현상은 이른바 '기득 효과(endowment effect, 소유효과)'라는 부작용도 낳는다. 연봉 3천만 원을 받던 사람이 5천만 원으로 오르면 이에 신속히 적응해 자신의 생활수준을 5천만 원에 맞추고 과거 3천만 원으로 돌아가기는 매우 힘들다. 이 기득 효과는 사람들의 '쾌락 쳇바퀴'를 거세게 밀어붙이는 동력이다.

이렇듯 인간의 행동 양식을 통해 알 수 있는 사실은 행복과 불행은 어떤 객관적인 상황이나 조건이 아니라, 우리가 잘못 평가했거나, 다른 외적 요인의 영향을 받은 것이거나, 잘못된 비교에서 비롯된 결과이다. 행복에 관한 비이성적인 생각들과 어리석은 선택들은 우리를 행복으로부터 더 멀어지게 한다. 이러한 함정에 빠져 있으면 3천만 원을 받는 것보다 5천만 원이 더 행복을 가져다주고, 5천만 원을 받으면 1억 원이 더 가까워지니 앞으로 더 나아가라고 부추기는 그릇된 관념에 빠지게 된다.

오랜 진화 과정에서 인간은 행복에 관한 메커니즘을 배웠다. 첫째, 육체적 · 정신적으로 불안정할 때보다 안정되었을 때 더 행복하다. 둘째, 동반자가 없는 것보다 있는 것이 더 행복하다. 셋째, 사회적 지위가 낮은 것보다 높은 것이 더 행복하다. 생존이나 종족 보존에 유리했을 법한 이런 조건들은 현대인들의 삶을 지배하는 행복의 법칙이 되었다. 지위가 높을수록, 자원이 많을수록 세상에서 성공한 사람이 될 가능성은 크지만, 이는 성공을 위해 우리가 원하는 것(wanting, 욕망하는 것)일 뿐, 우리가 잠재적으로 좋아하는 것(liking, 만족과 행복을 주는 것)은 아니다. 대개 현대인의 삶은 '행복'보다는 '생존' 또는 '종족 보존'에 유리한 쪽으로 맞춰져 있다. 따라서 우리가 불행하다고 느끼는 감정은 어쩌면 '행복'과 '생존' 욕구 사이에서 생겨나는 불가피한 부산물일지도 모른다.

대니얼 네틀은 행복한 삶을 위해 다음과 같은 세 가지 방법을 제시한다. 첫째는 인생사에 대응할 때 부정적인 감정을 감소시키는 노력이며, 두 번째는 긍정적인 감정을 증대시키는 것이고, 세

번째는 감정의 주체인 자신을 변화시키는 것이다.

첫째, 부정적인 감정을 감소시키는 방법으로는 인식-행동 치료법이 있다. 이 치료법은 진화 과정에서, 또는 유전적으로 형성된 부정적이고 병적인 감정들이 극단적인 스트레스나 소외감으로 고착되는 과정을 차단하는 것이다. 다시 말해, 자신의 내면의 문제를 정확히 인식함으로써 문제를 해소한다. 이를테면 부정적인 감정의 근원과 기능을 명확히 규명해 그것이 나의 삶에 영향을 미치지 못하도록 이성과 감정을 조절하는 방법이다. 이는 실제로 뇌의 활동 패턴을 변화시켜 우울증이나 근심, 걱정을 치료해준다.

둘째, 긍정적인 감정을 증진시키는 방법이다. 첫 번째 방법은 부정적인 감정을 제거하는 방법이지만 행복한 감정을 만들어주지는 못한다. 저자는 원하는 것(돈, 집, 애인)이 아닌, 자신이 정말 좋아하는 것(친구 만나기, 스포츠, 문화생활 등)을 반드시 하라고 권유한다. 원하는 것(욕망)에 사로잡히면 즐길 수 있는 일을 놓쳐버리게 되고, 깊숙한 내면에 불만이 쌓인다. 임상적으로 즐거운 일을 자주 하면 근심, 걱정, 우울증이 완화된다는 보고가 있다.

셋째는 자신을 변화시키는 방법이다. 이 책은 '쾌락의 역설(hedonic paradox)'에 주목한다. 쾌락의 역설이란 행복 그 자체에 집착할수록 행복으로부터 멀어지지만 다른 것을 추구함으로써 부지불식(不知不識)간에 행복에 더 가까워진다는 것이다. 즉, 나와 인생에 대한 자각을 통해 인식, 행동, 삶을 바꾸어나가는 것이다. 부단한 자각은 새로운 것에 눈 뜨게 하고 삶을 변화시킨다. 행복이란, 삶에 대한 지혜로운 통찰과 즐거움을 누리면서 조화로운 인생을 사는 가운데 천천히 얻어지는 삶의 결과물이다.

살아가는 일은 행복에 대한 비범한 통찰이 필요한 일이다. 물질주의 사회가 재촉하거나 개인의 욕망을 추동케 하는 어떤 그릇된 관념에서 벗어나 자신이 원하는 것, 자신의 내면이 중요하다. 우리가 행복을 통해 얻는 것은 중요하지만 결국은 제한된 수준일 뿐, 욕망에 사로잡힌 경쟁에서 한발 물러나, 깊은 내면으로부터 이끌리는 진정한 '행복'을 추구해야 한다. 타인과 외부 세계로부터 이끌리는 삶이 아닌 자발적이고 즐거운 삶을 추구할 필요가 있다. 저자는 생각을 바꾸고 행동을 바꾸면 행복한 삶이 가능해진다고 제안한다.

3. 여행은 행복에 영향을 미치나?

인간의 행복을 실현하는 활동 중 여행은 주요하게 논의되는 주제이다(Diener *et al.*, 2006; Smith & Diekmann, 2017). 여행의 궁극적인 목표는 행복 추구이다(Liu, 2013). 2013년 미국에서 485명의 성인을 대상으로 조사한 결과 여행경험이 감정이나 관심, 에너지와 집중력을 향상시키는 것으로 나타났다(Curran, 2020). 이는 여행이 경험 소비의 일종이기 때문이다. 관련 연구는 경험 소비에 대한 기대가 물질 소비에 대한 기대보다 훨씬 사람의 행복을 크게 높일 수 있다는 것을 밝혔다.

또한 영국의 Warwick 대학의 심리학자들은 수입과 삶의 만족도의 관계를 2009년부터 2013년까지 미국 성인 5,664명을 대상으로 연구하였다. 4년간 개인의 소득과 소비를 조사하였는데, 소득보다 소비가 더 많은 행복감을 주는 것을 밝혔다. 또한 소비 증가의 효과가 소득 증가의 효과보다 5배 이상 큰 것으로 나타났다(Travers, 2020).

부킹닷컴에서 진행한 연구에 따르면 모든 여행은 건강에 긍정적인 영향을 미치고, 엔돌핀을 증가시키며, 즉각적인 행복감을 느끼게 한다. 대부분의 응답자들은 여행만큼 행복감을 느끼는 활동은 드물다고 응답했고, 응답자의 77%가 긍정적인 기분을 위해 여행계획을 행동으로 옮긴다고 답하였다. 또한, 결혼, 약혼과 같이 인생의 주요한 사건보다 여행이 더 큰 행복을 준다는 응답도 흥미롭다. 응답자의 49%는 결혼 당일보다 휴가를 계획하고 가는 날 더 큰 행복감을 느꼈다고 답하였다(Rux, 2019).

Outdoorsy의 'Road to wellness'는 북미인 14,000명을 대상으로 설문조사를 진행하였다. 그 결과 북미 가정의 94%가 자연이나 야외에서 시간을 보내는 것이 행복하며, 정신건강이 향상됨을 느낀다고 답하였다. 또한 사랑하는 사람과 함께 있는 것이 기운을 북돋아 주며, 가족과 함께 시간을 보내는 것이 사람들의 정신 건강을 향상시킨다는 것을 밝혔다. 가족여행에 대한 긍정적인 정서가 높았고, 자연에서 함께 보낸 시간과 가족 간의 유대관계의 직접적인 연관성이 있었다(Outdoorsy, 2020).

또한, Outdoorsy(2020)는 자연 공간에서 타인과 상호작용하는 것이 혈압을 낮추고 스트레스 호르몬인 코티졸의 수치를 낮출 수 있다고 밝혔다. 심지어 질병, 실업, 사랑하는 사람의 죽음 등 부정적 사건을 겪은 사람들이 특히 야외에서 정신건강 향상을 경험했다는 것을 확인했다.

여행은 여행 활동 중 뿐만 아니라, 여행 전 기대와 여행 후 회상 등 전 과정에 걸쳐 행복에 영향을 준다(Kwon & Lee, 2020). Curran(2020)은 여행은 일시적이고, 시작과 끝이 정해져 있기 때문에 여행 전의 기대효과는 크다고 주장했다. Surrey 대학의 연구에 따르면 사람들은 휴가를 계획할 때 가장 행복해한다(Gilbert & Abdullah, 2002). 펜실베니아 대학의 Wharton School 선임 연구원인 Matthew Killingsworth는, 여행 전 행복감은 과거 여행경험을 통해 충분히 알고 있음에도 새로운 여행을 계획함으로써 새로움과 불확실성을 느끼기 때문이라고 주장한다(Stone, 2020). 미래지향적 삶을 사는 사람들에게 여행과 같이 기대감을 품을 수 있는 일은 기쁨과 행복감을 경험하게 한다.

행복학자 Michelle Gielan이 실시한 여론조사 또한 응답자의 97%가 여행을 계획하면 더 행복해진다고 답하였다(Gielan, 2020). 응답자의 82%는 '보통' 또는 '상당히' 더 행복하다고 답하였고, 71%는 향후 6개월간 여행을 계획했을 때 더 많은 에너지를 느낀다고 답했다. 관련 결과를 통해 Michelle Gielan은 "여행 일정을 잡는 것은 수개월 동안 지속된 불확실성과 스트레스를 줄이고, 정서적 면역 체계를 회복할 수 있는 유일한 방법"이라고 말했다(Gielan, 2020). Rux(2019) 역시 휴가 계획을 시작하는 것만으로도 행복함을 느낄 수 있으며, 지도를 보고 가고 싶은 곳을 고를 때 즐거움을 느낀다고 제시하였다. 즉, 여행을 기대하는 것은 과거의 일을 회상하는 것보다 더 강한 긍정적인 효과가 있을 수 있다.

여러 학자들의 연구에서도 삶의 영역에서 여행과 행복의 관계를 제시하고 있다. 여행은 가장 큰 행복을 유발하며, 전반적인 삶의 만족을 향상시킨다(Allen & Beattie, 1984; Neal *et al.*, 1999; McCabe *et al.*, 2010; McCabe & Johnson, 2013). 여행이 직접적으로 삶의 만족에 영향을 미치거나(Neal *et al.*, 1999), 여행만족이 삶의 만족으로 이어지며(Neal *et al.*, 1999; 2004; 2007; Sirgy *et al.*, 2011; Kim *et al.*, 2015; Su *et al.*, 2016; Chen *et al.*, 2016), 보다 더 긴 삶의 만족을 촉진한다(Fritz & Sonnentag, 2006; Nawijn, 2010; Nawijn *et al.*, 2010). 여행을 통한 긍정 정서, 부정 정서는 삶의 만족에 영향을 준다(Neal *et al.*, 1999). 여행 활동은 삶의 영역인 웰빙에 기여하는 요소로(Chen *et al.*, 2013; McCabe & Johnson, 2013; Pagan, 2015; Pyke *et al.*, 2019; Sirgy *et al.*, 2011), 구체적으로 여행활동은 주관적 웰빙(SWB)에 직접적으로 영향을 준다(Bronner & de Hoog, 2016; Gilbert & Abdullah, 2004; Lyu *et al.*, 2018).

여행과 행복의 연관성에 관한 연구는 다양한 방법론을 통해 진행되고 있다. 싱가포르 국립대학교 연구팀은 2020년 3월 5일, Scientific Reports에 사진연구를 진행하였으며, 자동화 이미지 인식 기술을 통해 185개국 소셜미디어의 31,500장의 사진을 분석하였다. 그 결과, #재미, #휴가, #허니문 등으로 태그된 사진에는 #일상, #루틴으로 태그된 사진보다 식물이나 자연경관 등 자연의 요소가 더 많이 담겨있었다. 또한, 자연요소들이 포함된 사진에 #fun으로 태그된 게시물은 코스타리카, 핀란드 등 2019 세계행복보고서에서 행복 점수가 높게 나타난 국가와 관련된 게시물인 것이 제시되었는데, 이는 재미있는 활동 혹은 여행경험의 맥락에서 사람들은 자연과 상호작용을 할 가능성이 높으며, 자연기반 여행과 삶의 만족도는 긍정적인 관계가 있음을 보여주는 내용이다(Chang *et al.*, 2020).

4. 여행행복과 생리적 변화

정신의학 분야에서도 여행경험과 행복 간에 관계가 있음을 주장하고 있다. 2020년 5월 18일 Nature Neuroscience에 뉴욕대학교, 콜롬비아 대학교, 마이애미 대학교의 연구원들이 3~4개월 간 뉴욕시와 마이애미에서 진행한 연구를 발표했다(Heller *et al.*, 2020). 총 132명의 참가자들을 대상으로 실험 초기 우울증 및 불안감에 대하여 설문을 진행하였으며, 연구원들에 의하여 개발된 스마트폰 위치 정보 추적 앱을 활용하여 연구 내내 그들의 기분에 대한 설문지 작성을 요청하였다.

실험이 끝난 후 피험자들은 처음 실시한 우울증 및 불안감에 대한 설문을 반복하여 실시하였다. 분석 결과, 사람들은 심리적으로 "행복", "신남", "편안함" 등의 긍정적인 감정을 갖는 경향이 있다는 것을 발견하였다. 또한 연구 마무리 시점에서 절반의 참가자를 대상으로 MRI 촬영을 진행하여 생리적 반응을 확인하였으며, 이를 통해 여행과 긍정적 감정 사이의 연관성이 뇌 활동과도 연관이 있음을 확인할 수 있었다. MRI 결과 해마와 새로움과 보상을 처리하는 뇌의 부분인 선조체의 활동이 긍정적인 감정, 다양한 경험과 강한 연관성이 있음이 나타났다(Heller *et al.*, 2020).

또한 심박변이도와 심리적 상태를 확인한 연구들도 다수 보고되었다. 박범진(2008)은 숲속 경관 감상을 중심으로 실험연구를 진행한 결과, 사전보다 심박변이도가 안정되었음을 밝혔다. Geisler *et al.*(2010)은 자연경험에서 주관적 웰빙과 감정, 심박변이도 간의 관계를 확인한 결과 심박변이도는 주관적 웰빙 및 긍정적 감정과 유의한 관계가 있는 것으로 나타났다. 이와 같은 심리적 · 생리적 관계에 대한 연구결과는 여행경험과 주관적 웰빙 사이에 상호연관성이 있음을 시사한다.

여행분야에서 행복연구는 그동안 설문조사와 인터뷰를 통한 연구가 대부분이었다. 하지만, 설문만으로 감정의 지각 상태를 측정하는 것은 주관적인 의사가 반영될 수 있어(Hyman & Lofus, 1998; Alicke *et al.*, 1995), 이를 과학적으로 증명하기 위한 추가적인 절차가 필요하다. 즉, 여행에서 행복감 지각에 대한 실증적 연구결과를 제시하기 위해서는 의학적 연구방법을 차용하여 관련 절차를 확대할 필요가 있다.

생리학적 연구와 사회과학적 연구방법의 결합은 객관적 설명력을 높일 수 있다. 생리학적 연구에서는 의학적 스트레스 지수, 뇌의 혈류 반응 검사, 면역력 검사, 심전도 측정 등 다양한 방식으로 인간의 심리를 파악하는 연구가 진행되고 있다. 특히 심박변이도는 인간의 심리와 의학적인 이해를 기반으로 활용될 수 있다. 이는 여행이라는 연속적 경험을 임상 방식으로 측정할 수 있는 유용한 도구이다. 인간 피부를 찌르거나 구멍을 내지 않는 방식(비침습적)이며 상대적으로 쉽게 활용 가능하다. 또한 다양한 도구를 활용하여 분석이 가능하며, 개인의 여행 상황에서 심리적 상태를 즉각적 · 연속적으로 측정하기에 적합하게 활용할 수 있다.

일반적으로 행복은 부정적 감정인 스트레스와 연계되어 이해될 수 있다. 선행연구를 확인한 결과, 스트레스 및 부정적 감정과 행복은 상관관계를 가지고 있었다. Lucas & Diener(2004)는 행복을 유사한 표현으로 웰빙 혹은 주관적 웰빙(subjective well-being)으로도 표현할 수 있다고 제안하며, 인간의 웰빙을 위협하는 것은 부정적 감정이라고 하였다. 김수진 · 김보영(2016)은 스트레스를 웰빙의 반대 개념으로 보았고, 정신적 피로(Sonntag-Öström, Nordin, Lundell, Dolling, Wiklund, Karlsson & Järvholm, 2014) 및 우울과 불안은 행복을 저하시키는 요인이다(임영진, 2012; Vella *et al.*, 2013). 부정적 감정을 측정하는 의학적 방법으로, 부정적 감정의 상승과 하락에 따라 행복의 지각 상태가 어떻게 변화되는지도 설명할 수 있다.

생리적 임상실험연구에서도 지각된 감정이 같이 측정되고 있다. 구체적으로는 심박변이도의 변화 상태 확인과 당면한 상황에 대한 자기보고식 심리 측정 척도가 함께 활용된다. 여행 분야에서도, 자기보고식 심리측정의 결과와 심박변이도에 의한 의학적 연구가 병행되면 연구의 객관적 설명력이 높아질 수 있다. 생리적 변수 중 심박변이도가 심리적 상태를 확인하는데 유용한 도구가 될 수 있다고 밝혀진 것은 1990년대부터이다. 심박변이도는 단순히 생리적 건강 상태에만 관련되는 것이 아니며, 심리적 부분을 반영한다는 주장이 확산된 것이다. 심박변이도의 변화는 인간의 심리적 상태를 나타내는 자율신경계의 변화를 가져온다(Fabes *et al.*, 1993).

하지만 관련 연구는 주로 정신병리학적 측면에서 치유활동과 일상의 움직임을 통한 운동 상황에 대한 심박변이도 관련 연구로만 다수 진행되었으며, 여가 및 여행 상황에서 심박변이도에 관한 이해는 기초단계에 머물러 있다. 따라서 심박변이도의 심리적 · 신체적 상태를 반영하는 유용성을 고려하여, 여행 및 여가 측면에서 연구를 확장하는 것이 필요하다. 심박변이도는 심리적 변수와 깊은 상관성을 가진다. 이는, 스트레스, 우울, 불안감, 긍정적 정서 상태 등과 같은 내적인 감정 상태를 표현하는 지표가 될 수 있기 때문이다(김원 외, 2005; 이용주 · 신창섭, 2015).

심박변이도는 부정적 심리 및 긍정적 심리 지각 상태에 따라 다르게 나타난다. 심리적 · 신체적으로 건강한 상태에서는 빠르게 생리적 균형을 찾기 위해 활발하게 심박변이도가 급속하게 변화되며, 부정적인 심리 및 신체 상태에서는 체내의 조절 능력이 감소하여 심박의 변화가 현저히 감소하게 된다. 즉, 심박변이도는 건강할수록 복잡하고 불규칙하며, 자율신경이 상승하고 분포도가 넓고 신호가 복잡하게 나타난다.

[표 2-4] 심박변이도와 심리적 상태에 관한 선행연구

출처	주요 내용
Blase *et al.* (2016)	• 우울, 불안, 심리적 웰빙과 심박변이도 수치 간 상관성 확인됨
Udupa *et al.* (2007)	• DSM-IV-TR 기준으로 진단된 우울증 환자 40명을 대상으로 심박변이도 측정함 • 불안감, 스트레스 및 우울 느낀 개인은 심박변이도 지표 저하 나타남. 구체적으로 우울증은 부교감 신경 활동 감소와 교감신경활동의 증가를 나타냄
Kim *et al.* (2018)	• 심리적 스트레스와 심박변이도 간 양적 메타분석 실시한 결과 높은 상관성 나타남 • 스트레스 노출된 23-41세 건강한 남성 대상으로 집단을 구분하여 실험처치를 가하고 심박변이도 수치 변화 확인함
Prinsloo *et al.* (2011)	• 스트레스 노출된 23-41세 건강한 남성 대상으로 집단을 구분하여 실험처치를 가하고 심박변이도 수치 변화 확인함 • 연구결과, 심리적 스트레스는 LF 수치 상승시키고, HF 수치 감소시키는 것으로 나타남
Dishman *et al.* (2000)	• 심박변이도 안정 상태는 부정적 정서와 연관이 있음을 제시함 • HF 높으면 정서적 안정이 상승하며, 스트레스 우울, 불안, 공포 지각 시 낮은 HF 수치를 기록함

구체적으로 부정적 심리 중 불안감, 우울, 스트레스, 초조함과 긍정적 심리 지각 등은 심장박동과 높은 관련이 있다. Blase *et al.*(2016)은 우울, 불안, 웰빙 심리상태와 심박변이도 연구를 진행하였다. 연구 결과, 정서적으로 부정적 상태에 처한 사람들은 전반적으로 심박변이도 수치가 하락하였으며, 웰빙을 지각한 개인은 심박변이도 수치가 상승하는 결과가 제시되었다. Udupa *et al.*(2007)의 연구 역시, 심리적으로 불안감, 스트레스 및 우울을 느낀 개인은 전반적으로 심박변이도 지표가 저하되었다. Kim *et al.*(2018)은 심리적 스트레스와 심박변이도의 관계에 대하여 양적 메타분석을 실시하였으며, 그 결과 변수 간의 높은 상관성이 있음을 밝혔다. Dishman *et al.*(2000)은 심박변이도가 안정되어 상대적으로 변화가 없는 경우에는 우울, 불안, 걱정, 공포 및 스트레스와 부정적 상관성이 있음을 제시하고 있다. 이와 같은 연구결과들을 토대로 부정적 심리상태는 심박변이도와 연관되어 있다는 것을 확인할 수 있다.

결론적으로 심박변이도는 개인의 감정을 확인할 수 있는 적합한 측정도구이다. 즉, 심박변이도를 통해 인간의 감정 상태를 자연과학적으로 측정할 수 있는 것이다. 심리학적으로도 부정적 심리가 감소하고 긍정 심리가 상승하게 되면 행복지각 상태가 유의하게 향상된다고 이해하고 있다(Nawijn, 2010). 따라서 심박변이도를 통해 개인의 심리적 변화에 따른 변화를 확인하면 보다 객관적인 행복수준을 파악할 수 있다. 심박변이도를 측정하기 위한 구체적인 지표는 시간 영역 분석 지표인 'RMSSD, Stress index, SDNN

등'이 있고, 주파수영역 분석 지표는 'TP, VLF, HF, LF, LF/HF 등'이 있는데, 각 지표가 담당하는 감정적 상태는 다르게 나타난다([표 2-5] 참조).

[표 2-5] 심박변이도와 심리적 상태

지표	주요 내용
SDNN	• 높으면 스트레스에 대한 저항도가 높고 건강한 상태를 의미
RMSSD	• 높으면 스트레스에 대한 저항도가 높고 건강한 상태를 의미
TP	• 자율신경계 전체적인 활동성과 조절 능력 • 높을수록 심기능이 좋으며, 스트레스 대처 능력이 높음
LF	• 정신적 스트레스 및 우울, 분노, 신체화 증상과 정적(+) 관계 가짐
HF	• 표준범위 내 높을수록 건강한 상태 • 스트레스, 우울, 걱정, 불안, 공포와 부적(−) 관계
LF/HF ratio	• 정신적 스트레스 및 우울, 분노, 신체화 증상과 부적(−) 관계 가짐

5. 여행행복과 감정변수

여행 경험 중 '친절함'은 행복감의 주요 요인이다. 최대 규모의 의료 시스템 중 하나인 Dignity Health(2019)는 '친절'이 여행경험에 어떤 영향을 미치는지 밝히기 위해 설문조사를 실시하였다. 연구

결과, 응답자의 45%는 연휴 동안 여행할 때에 더 친절했다. 대부분 사람들은 여행 중에 스트레스를 받기도 하지만, 응답자의 97%는 친절함이 여행 중 웰빙에 큰 영향을 주는 것에 동의하였다. 52%의 응답자는 단순히 다른 사람들에게 친절하게 대하는 것만으로도 기분이 좋아졌다고 응답하였는데, 이는 우리가 스트레스를 받거나 시간이 촉박할 때도 인간적인 모습을 보이는 것이 얼마나 중요한지 보여준다.

Dignity Health의 부사장인 Mark Vidends는 여행과정에서도 인간관계의 힘이 중요하다고 강조한다. 연구에 따르면, 75%의 여행객이 다른 여행자의 좋은 하루를 위해 특정 행동을 했으며, 절반 이상의 여행자들은 친절한 행동을 한 후에 더 행복감을 느꼈다고 답했다. 작고, 친절한 행동은 긍정적인 파급효과를 불러올 수 있다. 여행자에게 미소를 짓거나, 그들의 하루에 대해 묻는 것과 같은 간단한 제스처는 누군가의 여행경험을 차별화시킬 수 있다. 여행에서 미소를 지은 대부분의 여행자(66%)는 스트레스를 덜 받는다고 응답하기도 하였다. 또한 여행 중 친절함을 경험한 사람의 28%는 다른 여행자를 위해 친절한 행동을 하고 싶다는 생각을 하였다(Schlaefer, 2019).

여행 과정에서 긍정적인 감정뿐만 아니라 다양한 감정에 대한 연구도 진행되었다. Wang *et al.*(2021)은 관광객들이 휴일에 감정을 인식하는 방법을 새롭게 조명했다. 기존 선행연구는 여행자들이 휴일 동안 경험하는 다양한 감정들을 간과하고 단순히 '긍정적' 감정과 '부정적' 감정에 대해서만 다루었다. 또한 관광업계는 그들의 고객에게 늘 쾌적한 기분을 선사해야 하며 다른 감정들이 이러한 쾌적한 기분을 방해하지 않도록 노력해야 한다고 주장했다. 그러나 Wang *et al.*(2021)의 연구는 개인의 행복은 긍정적인 감정 자체보다는 다양한 감정으로부터 더 많은 것을 얻는다는 것을 밝혔다. 연구에 따르면 긍정적이거나 부정적인 감정 등 다양한 감정들이 더 큰 행복감과 연관되어 있었다.

Queen Mary University of London의 Yuansi Hou 박사는 사람들이 집에서 일상생활을 할 때보다 여행을 할 때에 훨씬 더 다양한 감정들을 경험할 가능성이 높다고 말했다(Queen Mary University of London, 2020). 관광산업은 현재의 '쾌락추구 체험'과 함께 '다양성추구 체험'을 만드는 것의 중요성을 고려해야 한다고 주장했다. 관련 연구를 통해서 여행 중 한 가지 이상의 감정을 경험한 사람들이 전반적으로 그 경험에 대해 훨씬 더 좋게 느낄 가능성이 높으며 여기에는 다양한 부정적인 감정을 경험한 사람들도 포함된다. 예를 들어, 여행 중 길을 잃어버렸던 경험의 황당함과 불안감과 같은 감정이 이후 해소되고 나면 오히려 부정적 감정보다 해소과정에 대해 여행을 기억하게 되고 새로운 감정을 갖게 된다. 이러한 부정적인 감정을 포함한 다양성은 하나의 특정 감정에 몰입하는 것에 비해 그들의 행복감에 긍정적인 영향을 준다.

여행 회상에 있어 사진은 중요한 수단이다. 오래된 여행 사진을 보는 것은 사람을 행복하게 할 수 있다. Beacon College의 Human Service 심리학 조교수 A. J. Marsden은 긍정적인 기억들에 집중함으로써 우리의 몸은 뇌에서 도파민을 방출한다고 주장하였다. 도파민은 기분을 좋게 만들고, 긍정적인 에너지를 준다. 여행 중에 이루어낸 결과를 생각하면 세로토닌을 더 많이 방출한다. 추억을 향유하는 것은 긍정적인 감정을 다시 느끼는 좋은 방법이다 (Crompton, 2020).

III 장

여행을 통한 행복,
어떤 여행이 행복한가?

1. 행복과 여행에 대한 빅데이터 분석
2. 여행행복의 이론

1 행복과 여행에 대한 빅데이터 분석

여행과 행복에 대한 사회적 담론과 여행경험 현상을 분석하기 위해 빅데이터를 활용한 텍스트마이닝과 의미분석을 시도하였다. 총 10년(2010~2019년)을 전체 기간으로 설정하고 온라인 빅데이터 처리 서비스를 이용하여 수집 기간에 따라 자료를 수집하는 방식을 설계하였다. 검색어로는 '여행-행복', '관광-행복'을 입력하여 여행과 행복에 대한 담론이 어떻게 변화해 왔는지 사회의 시선을 분석하고자 하였다.

빅데이터를 분석하는 기법으로 텍스트마이닝(text mining)과 의미연결망 분석(semantic network analysis)을 사용하였다. 텍스트마이닝(text mining)은 데이터 마이닝(data mining)의 한 형태로서 비정형(unstructured) 문서를 대상으로 하는데, 문서를 분류하고, 군집화한 후 문서에 숨겨져 있는 의미들을 탐색하는 것이다(장재영, 2013). 텍스트마이닝의 프로세스는 데이터를 준비하고 그에 따른 분류를 수행해야 하는데, 첫 번째 프로세스인 데이터 준비과정에서는, 수집 후 데이터를 정제하고, 문서 집합을 생성하는 단계이다. 두 번째 프로세스인 분류수행 과정은, 군집을 분석하고, 특성을 추출한 뒤, 항목과 항목의 관계 값으로 나타나는 최종 유형의 분류를 얻게 된다.

본 저서에서는 인터넷 대형 포털사이트(블로그, 카페)를 중심으로 2010년부터 코로나 19 이전인 2019년까지 '여행과 행복' 키워드가 포함된 총 446,704개의 자료를 수집하였다. 수집된 자료의 분석을 위해 소셜 매트릭스(Social Metrics) 프로그램인 '텍스톰 1.0'(textom)을 활용하였다. 텍스톰은 포털 검색 사이트의 자료를 검색하여 데이터 및 연관 키워드 순위를 제공하고 검색 키워드의 공출현 빈도에 따른 매트릭스 정보를 제공하고 있어 네트워크 분석 시 유용한 소프트웨어이다. 이것을 활용하여 명사 중심 추출을 통한 한글 형태소를 분석하였다. 기호, 숫자, 영문자, 특수문자 등 연구 목적에 불필요한 문자는 삭제하였고, 띄어쓰기 교정, 혼용어 일치 과정을 거쳤으며, 주제어 분석과 의미연결망 분석을 실시하였다.

[표 3-1] 2010년~2019년 데이터 수집량

채널	섹션	데이터량(개)
N포털	블로그	119,950
	카페	117,596
	소계	237,546
D포털	블로그	99,067
	카페	110,092
	소계	209,159
합계		446,704

의미연결망 분석(semantic network analysis)은 사회의 시스템 구조 파악 시, 행위자 간의 관계를 중시하는 사회연결망 분석(social network analysis)을 커뮤니케이션 메시지에 적용시킨 방법이다(최윤정 · 권상희, 2014). 사회연결망 분석이 사회 현상을 만들어 내는 원동력으로 개별 행위자가 연결된 관계성에 주목한다면, 의미연결망 분석은 행위자 대신 메시지의 구성요소인 단어들의 구조적 관계를 통해 의미를 분석한다(Wang & Rada, 1998; Wasserman & Faust, 1994). 의미연결망 분석 절차는 앞서 언급한 바와 같이 자료수집과 텍스트마이닝 절차를 거쳐 네트워크 분석을 한 후 의미연결망 분석을 활용하여 군집화된 의미를 분석하고 해석하는 것이다.

[표 3-2] 자료 분석방법

구분	분석방법
텍스트마이닝	Textom을 활용한 뉴스, 블로그, SNS 자료수집 → 텍스트마이닝 → 빈도목록 핵심어 파악 → 단어 정제 → 매트릭스 생성(빈도를 통한 관계 파악)
의미연결망 분석	UCINET6 Netdraw를 활용한 의미연결망 분석(연결중심성 분석)→ 중심의미 도출 → 시각화 → 결과 도출

마지막으로 여행과 행복에 관련된 단어의 사용빈도와 단어 간 연결망을 보기 위해 UCINET6 프로그램의 넷드로(NetDraw) 기능을 활용하여 네트워크 분석과 시각화를 실시하였다. 이에 본 연구에서는 각 포털에서 '여행과 행복' 키워드를 포함한 자료를 수집, 데이터 정제과정을 통해 도출해낸 단어를 바탕으로 행과 열이 동일

한 대칭형 1-mode 매트릭스 데이터를 통해 핵심 키워드를 도출하고 CONCOR 분석과 Ego 네트워크를 분석하였다.

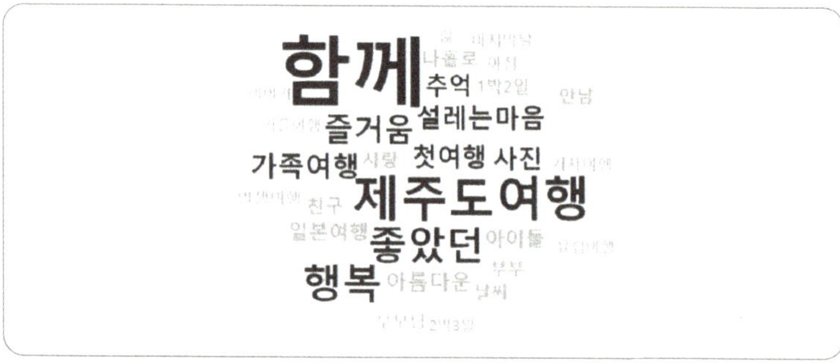

[그림 3-1] 2010년 여행과 행복 관련 워드 클라우드 빅데이터 분석 결과

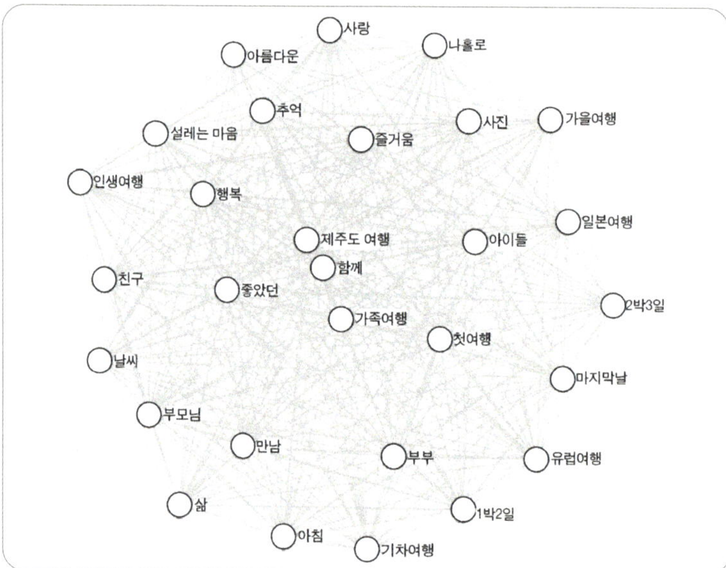

[그림 3-2] 2010년 여행과 행복 관련 매트릭스 차트 빅데이터 분석 결과

수집된 단어의 동시출현 빈도를 분석한 결과는 다음과 같다. 2010년의 동시출현 빈도는 '함께', '제주도 여행', '행복', '가족여행', '추억', '즐거움', '아름다운', '일본 여행', '아이들', '사랑', '친구', '처음'과 같은 단어의 비율이 높게 나타났다. 반면 2019년에는 '제주도', '베트남', '다낭', '세부', '대만', '필리핀', '유명한', '유럽', '해외여행', '혼자', '사진', '날씨', '맛집', '카페', '호텔', '여름' 등으로 나타났다.

다음으로 연도별 주요 단어들의 의미연결망 구조를 파악하기 위해 전체 네트워크 분석, 중심성 분석, CONCOR 분석을 차례로 실시하였다. 2010년에는 여행 대상지 측면에서 제주도와 일본과 같은 가까운 거리의 이국적인 장소를 중심으로 연결이 이루어졌고 무엇보다 가족, 친구와 같은 대인적 관계에서 행복을 느끼는 것으로 나타났다. 또한 행복을 느낄 때의 정서적 감정 상태는 즐거움, 사랑 등이 나타나는 것을 알 수 있었으며, '처음', '첫 여행'을 통한 여행활동에 대해 행복감을 느끼는 것으로 나타났다.

마지막으로 주요 단어들의 유사 군집분석을 실시한 결과, 행복한 여행을 위한 선택속성, 정서적 표현, 국내여행, 휴식 및 힐링을 위한 여행으로 군집이 형성되었다. 2019년에는 여행의 장소가 동남아, 유럽으로까지 변화하였으며, 행복한 여행 활동도 카페, 호텔, 맛집 등을 중심으로 구체적으로 변한 것을 알 수 있었다. 마찬가지로 유사군집 분석 결과 주말을 이용한 강원도 당일치기 및 근교여행, 여행을 통한 행복의 정서적 표현, 유럽 등 여행목적지, 혼자 하는 여행의 4개 클러스터가 형성되었다. 본 연구는 여행을 통한 행복을 중심으로 포털 자료를 수집하고 분석하여 한국인의 여행 현상을 해석하고자 하였다. 국내 대표 포털 사이트에서 검색 키워드를 활용하여 여행경험자들이 직접 생성한 단어를 수집하였으며, 분석결과는 다음과 같다.

[표 3-3] 2010년과 2019년 분석결과 비교

채널	2010년	2019년
여행 대상지	제주도, 일본 등과 같이 가까운 거리의 이국적인 장소 중심 연결	동남아, 유럽 등 여행경험 장소 확대
관계	가족, 친구 등 동반자와의 관계 중심 여행행복	'나 홀로' 여행경험에서 행복
행복의 차원	즐거움, 사랑 등 긍정적 감정을 통한 헤도니아적 행복	'나 홀로' 여행 등을 통한 자기 성찰 등 유다이모니아적 행복

첫째, 관계 중심의 여행에서 '나홀로' 여행으로 여행경험이 변화하는 것을 알 수 있었다. 2010년대 초기 여행에서는 개인의 행복보다 관계 중심의 행복을 중요시한다는 선행연구 결과를 지지하였으며, 가족, 친구, 아이들, 부모, 자식 간 동반자와 교류하면서 더 많은 행복을 느끼는 것을 알 수 있었다(Kahneman *et al.*, 2004). 2019년에는 나홀로 여행이 증가함에 따라 관계 중심의 행복보다는 개인의 여행활동 유형에 따른 행복의 연결망 구조가 나타나는 것이다. 이는 여행의 형태가 사회적 변화 흐름에 따라 행복 추구에서도 변화를 보여주고 있다.

둘째, 여행을 통한 행복은 여행경험 순간에 대한 긍정적인 평가에서 삶의 만족 영역까지 다차원적으로 나타났다. 행복의 다차원성은 헤도닉, 유다이모닉 구분에서 삶의 영역인 주관적 웰빙, 심리적 웰빙에 이르기까지 다양하게 나타난다. 본 연구에서는 여행을 통한 긍정적 정서가 주로 나타났으며, '나홀로 여행' 등을 통해 자기성찰 등의 유다이모니아적 행복이 나타남을 알 수 있었다.

2 여행행복의 이론

1. 쾌락적응(hedonic adaptation)이론과 여행행복

행복한 상태와 수준은 지속되지 않는다. 오히려 행복한 상태는 일정 기간 후에 이전의 수준으로 돌아온다. 이와 같은 회귀현상을 쾌락적응(hedonic adaptation)이론으로 설명할 수 있다(Brickman & Campbell, 1971). 쾌락적응 이론에 따르면, 돈이나 명예의 쟁취는 일정 수준 개인의 행복감을 형성하는 데는 기여하지만 행복감을 유지하거나 증진하는 것에는 기여하지 못한다. Brickman & Campbell(1971)은 새로운 사건이나 환경변화에도 행복의 수준이 안정적으로 유지되는 경향이 있음을 소개하면서, 쾌락의 쳇바퀴(hedonic treadmill)라는 은유적인 표현을 제시하였다(권장욱 · 이훈, 2016a).

쾌락적응은 최근 행복 연구의 주요한 테마로, 진화과정에서 생존과 번영을 위해 필수불가결(必須不可缺)하게 작동해야만 할 원리이다. 진화심리학자들의 시각에서 쾌락적응은 에너지를 효율적으로 관리하면서 지속적인 번영을 창출하고자 만들어진 인간의 인지적 특성으로, 쾌락적응은 인간의 행복을 이해할 수 있는 중요한 변수로서 다루어져 할 필요가 있다(권장욱 · 이훈, 2016a).

Lyubomirsky(2011)는 쾌락적응을 행복연구의 핵심이라고 제시하였는데, 이는, 인간의 쾌락이 모두 단시간 내에 중립으로 회귀된다면 인간은 결국 행복해질 수 없다는 결론에 이르기 때문이다. 그러나 최근 많은 선행연구에서는 쾌락적응의 시간이 사람이나 사건, 맥락 등에 따라 다르게 나타나거나, 중립으로 회귀하지 않거나, 개인의 노력과 활동을 통해 행복감의 상승이 가능하다는 연구결과들이 제시되고 있다(권장욱, 이훈, 2016a; Diener *et al.*, 2016).

권장욱 · 이훈(2006a)은 관련 연구들의 분석을 통해 인간의 행복감을 좀 더 오래 지속시키고 행복의 기준점을 향상시키는 요인들을 분석하였다. 그 결과, 인간은 체험을 할 때 쾌락적응률이 낮게 나타난다는 것을 발견하였고, 그 대표적인 활동은 여행으로 제시하였다(Van Boven & Gilovich, 2003; Nicolao *et al.*, 2009). 행복감을 좀 더 지속시키는 요인은 ① 주의력(집중), ② 불확실성(우연), ③ 사회적 비교, ④ 인지적 해석(의미), ⑤ 감정적 반응으로, 여행은 이 5가지 요인이 깊이 관여된 행동이며, 관련 요인들의 작용으로 인해 여행에서 만들어진 행복감은 오래 지속될 수 있다고 하였다. 구체적으로, 여행에서는 불확실성(우연)이 높아 주의력이 높아지고 사회적 비교를 하지 않게 되거나, 감정적 반응으로 기억이 긍정적으로 왜곡되며, 인지적으로 여행을 통해 다양한 의미를 얻게 되어 행복감이 오래 지속될 수 있다. 이처럼 여행은 행복에 대한 쾌락적응을 억제하거나 또는 행복감을 유지하는 강한 힘이 존재한다는 것을 입증하고 있다.

2. 상향 이론(bottom-up theory)과 하향 이론(top-down theory)

쾌락적응 이론에 따르면 인간의 행복감은 외향성 등 유전적으로 주어진 성격에 따라 행복감이 정해져 행복 수준이 고정되어 있다고 규정한다(권장욱 · 이훈, 2016b). 이와 같은 논리에 의하면 국가별 행복 수준의 차이나 시대적 변화에 따른 시점별 차이가 존재하지 않아야 하는데, 실제로는 차이가 존재한다. 이 논쟁과 관련하여 학계에서는 크게 상향 이론(bottom-up theory)과 하향 이론(top-down theory)이 대립하고 있다(Compton, 2005).

상향 이론은 개인의 즐거운 경험이 행복감을 만들며, 행복감의 수준은 변화할 수 있다는 것이고, 하향이론은 개인의 성격이나 정서성향 등의 유전적인 기질이 행복감에 영향을 미치며 일정한 범위 내에서 관련 수준은 변화하지 않는다는 것이다. 즉, 하향 이론은 개인이 욕망 충족을 통하여 쾌락을 경험하더라도 비교나 적응의 과정을 거치면서 상승 또는 하락한 일시적 행복 수준은 이전 수준으로 돌아간다는 점을 강조하고 있다.

하향 이론의 대표적 이론은 기준점 이론(set point theory)으로, 이는 성격 이론(trait theory)과 쾌락적응(hedonic adaptation)이론에 근거하고 있다(권장욱 · 이훈, 2016b). 기준점 이론은 사람마다 다른 기준점이 있는데, 행복의 수준은 일시적으로 변화하더라도 관련 기준점에 의해 행복 수준이 결정된다는 것이다.

그러나 2000년대 이후부터 긍정심리학자들은 행복의 쾌락적응 이론을 거시적으로 인정하면서도, 인간의 자유의지와 이에 따른 활동이 행복 수준의 상승과 지속에 기여하고 있음을 지속적으로 증명하였다(Lucas *et al.*, 2004). Diener *et al.*(2006)은 행복감이 안정적으로 유지되는 것이 아니라 상승할 수 있다는 결과를 제시하면서, 개인별 행복의 기준점은 상황에 따라 충분히 변화할 수 있음을 주장하였다. Lyubomirsky *et al.*(2005) 역시 개인의 타고난 유전적 기질과 쾌락적응 현상을 포함한 기준점(set point)영역은 변화할 수 있는 것이라 언급하였다.

관련 연구들은, 인간의 성격과 환경의 상호작용이라는 심리적 매커니즘에 주목하였고, 점차적으로 개인의 의지가 행복에 미치는 영향 비중이 높아지고 있음을 발견하였다. 실제로 사람들은 같은 상황에 있더라도 개개인의 성격뿐만 아니라 인지적 의지에 따라 그 반응은 다양하게 나타났다(권석만, 2008). 즉, 쾌락은 시간의 경과에 따라 적응되어지며, 인간의 행복감 역시 중립을 향하여 서서히 회귀하지만, 특별한 사건이나 환경의 변화, 개인의 의지 등을 통해 그 기준점은 상승할 수 있고, 나아가 오래 지속될 수 있다(권장욱 · 이훈, 2016b).

[표 3-4] 상하향 이론의 구분

구분	주요 내용
상향이론	인간의 자유의지와 이에 따른 활동이 행복 수준의 상승과 지속에 기여(Diener *et al.*, 2006)
하향이론	유전적인 기질에 의해 행복감에 영향을 주고, 성격이론(trait theory)과 쾌락적응이론에 근거하는 것으로, 행복은 정해진 수준에서 변화하지 않는 것으로 파악(Compton, 2004)

연구 내용

쾌락적응이론
물질적인 것 통한 행복감 형성 가능하지만, 행복감 유지 증진 힘듦
반복자극 통한 행복 이전 수준으로 감소

상향이론 하향이론
상향이론: 개인적 즐거운 경험 행복감 구성
하향이론: 유전적 기질이 행복 구성

개인과 환경요인 상존
개인의 성격과 환경/유전 요인 모두 행복 수준에 영향 미침
← 기준점

행복 수준 상승
과학적 연구 기반 행복을 개인적 변화에 따라 가변적인 것으로 해석
개인 통한 행복의 상승 및 하락
← 작은 사건 불확실성

여행은 다른 행위에 비해 행복에 대한 쾌락적응을 크게 억제시킴
여행 속의 다양한 사건들은 행복의 하락 및 상승 가능
상향이론과 하향이론은 개인적인 환경에 의해 변화 가능
행복수준은 개인에 따라 변화 가능한 가변적인 것으로 해석 가능

정리하면 개인의 성격과 환경 · 유전적 영향 요인 모두가 행복의 지각 수준에 영향을 미칠 수 있다. 일반적으로 상향이론은 '개인으로 비롯되는 행복지각 수준'으로 이해할 수 있으며, 하향이론은 '사회적으로 비롯되는 행복지각 수준'으로 이해할 수 있다. 따라서 행복한 여행이 되기 위한 조건이 무엇인지 연구할 때 개인적 조건과 사회적 조건을 동시에 고려하는 것이 필요하다. 개인이 처한 상황과 소득격차, 가치관 및 사회적 분위기 등 사회적 조건은 다양한 방향으로 행복한 여행에 영향을 주고 있다. 행복한 여행을 위해서는 개인적인 조건과 사회적인 조건을 포함하여 행복의 결정요인을 분석하는 것이 중요하다.

3. 여행경험과 여행행복

행복수준은 개인적인 요인과 사회적인 요인에 따라 변화할 수 있다. 우선 행복의 회귀 현상을 억제하고 행복 지각에 변화를 주는 요인 중에 개인적인 요인은 여행하는 개인이 지니는 상황적 · 심리적 상태를 나타내는 것으로, 크게 '여행의 동기, 여행자의 성격, 여행경험의 정도, 여행경험의 종류 등'으로 구분할 수 있다. 긍정심리학자들은 행복의 회귀현상을 말하는 쾌락적응 이론을 거시적으로 인정하는 동시에 인간의 개인적 행위와 조건이 행복 수준의 상승과 지속에 기여하고 있음을 증명하였다(Lucas *et al.*, 2004). 여행에서 개인적 요인을 설명할 수 있는 학술적 이론의 예시로 '여행경력이론(Travel career pattern)'과 '진지한 여가 이론(serious leisure theory)'을 제시할 수 있다.

가. 여행경력이론(Travel Career Theory)

관광학 분야에서는 개인의 지속적인 여행참여를 '여행경력(Travel carrer)' 개념으로 접근하고 있다. 여행경력은 여행경험의 축적을 의미하는 용어로 전문성(specialization)수준을 반영한다(고동우, 2018). 이론적 모형으로 경력의 개념을 여행자에게 처음 적용한 Pearce(1988, 1991, 1993)는 지속적인 연구를 통하여 여행경험의 누적에 따라 개인마다 다른 여행경력을 갖게 되고 축적된 여행경력 수준에 따라 여행자의 동기 패턴이 달라진다고 주장했다. 그는 Maslow(1970)의 욕구단계이론(hierarchy of needs theory)을 바탕으로 여행경력에 따라 여행 동기가 달라지는 여행경력사다리(Travel Career Ladder)모형을 제시하였다.

Maslow(1970)의 욕구단계이론에 따르면 인간의 욕구는 위계적으로 조직되어 있으며 하위 단계의 욕구가 충족되어야 상위 단계의 욕구가 실현된다. 그는 인간의 욕구를 생리적 욕구, 안전 욕구, 사회적 욕구, 자아존중 욕구, 자아실현 욕구로 구분하였다. 피라미드 형태로 구성된 각 욕구는 하단부에 있는 욕구부터 순차적으로 충족되는 것으로 설명하고 있다.

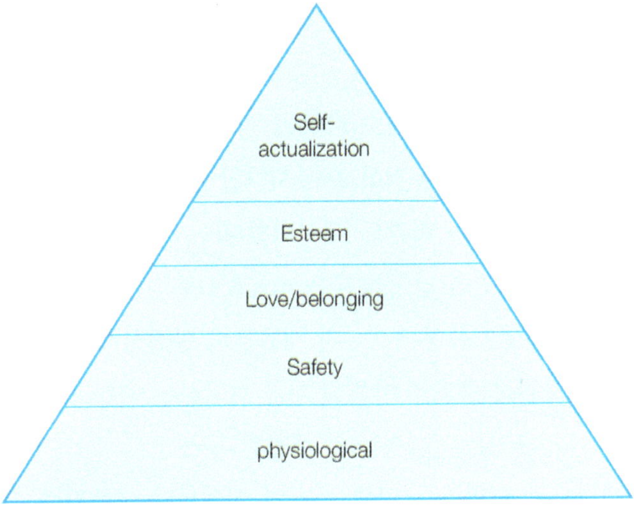

자료: Maslow(1970).

[그림 3-3] Maslow의 욕구단계론

Maslow(1970)의 욕구 위계 이론(hierarchy of needs theory)을 기반으로 한 여행경력사다리(Travel Career Ladder, TCL)모형(이하 TCL)에서 중요한 가정은 여행경험이 경력(Career)이 된다는 것이다. TCL에 따르면 여행 동기는 여행경험의 축적에 따라 휴식 욕구에서 안전 욕구, 사회적 욕구, 자기개발 욕구, 마지막 단계인 자아실현 욕구로 위계적 단계를 거쳐 발전한다(Pearce & Lee, 2005).

하지만 TCL 모형은 Maslow(1970)의 욕구 위계 이론이 가진 문제점을 그대로 내포하고 있는데, 반드시 하위단계의 욕구가 충족되어야만 상위단계의 욕구가 발현될 것이라는 가정과 하향적 발달과정을 허용하지 않는다는 점이다(고동우, 2019). 또한, 개인 차이를 고려하지 않은 획일적인 욕구위계 설정으로 욕구 단계 간의 구별이 불분명하고 중복된다(Cooper, Fletcher, Fyall & Wanhill, 2008; 김영국 · 서보원 · 안태홍, 2011). 그 외에도 사다리 형태의 단계(ladder)라는 용어를 사용함으로써 역동적이고 동시다발적인 여행 동기의 발현 가능성을 간과한다는 비판도 제시되었다(Ryan, 1998; 고동우, 2019).

TCL 이론의 비판을 받아들인 Pearce & Lee(2005)는 여행 동기를 단계(ladder)가 아닌 유형(pattern)의 개념으로 발전시켜 수직적 구조가 아닌 다차원적 구조로 여행 동기를 파악하는 여행경력패턴(TCP: Travel Career Pattern)을(이하 TCP 모형) 개발한다(김영국 외, 2011). TCP모형은 위계적으로 변화하는 여행 동기의 실현보다 여행경력 수준에 따른 동기 패턴의 변화에 더 중점을 둔다(Pearce & Lee, 2005).

여행경력단계 모형은 여행의 경험 여부, 경험정도 등이 여행 동기와 밀접하게 연관되어 있다고 언급하고 있다. Pearce(1988)는 인간의 욕구를 '생리적 욕구, 안전 욕구, 소속감 욕구, 자존 욕구, 자아실현 욕구' 5단계로 구분하여 이해한 Maslow(1970)의 욕구단계 이론을 기반으로 하여 여행경력단계 이론을 발전시켰다. 여행자는 각자가 가진 축적 경력 인식에 따라 구체적인 여행의 필요 욕구 수준이 달라진다고 주장했다. 즉, 여행경력이 증가함에 따라 다양한 경험이 축적되고 이로 인하여 상이한 여행 동기와 행동을 보이게 된다는 것이다.

구체적으로, TCP 이론은 핵심동기와 내적 여행동기, 외적 여행동기 3가지로 구성된다. 여행 경력과 연관 없이 핵심 동기는 신기성(novelty), 일상탈출/휴식(escape/relax), 관계성(relationship)으로 나타나고 있다. 핵심동기를 둘러싼 내적 동기는 여행경력수준에 따라 층이 구분되고 있는데, 경력이 적을수록 자아실현(self-actualization)이나 자아개발(self-development) 등을 추구하는 패턴이 나타나고 있으며, 여행 경력이 많으면 관광지 중심으로 현지문화탐구를 추구하는(host-site involvement) 동기패턴을 보인다고 언급하고 있다. 또한, 외적 여행 동기는 상대적 중요성이 낮은 것으로 고독(isolation), 향수(nostalgia)가 자리 잡고 있다. 이처럼 TCP는 다양한 동기 및 욕구에 영향을 받아 유기적으로 변화할 수 있다.

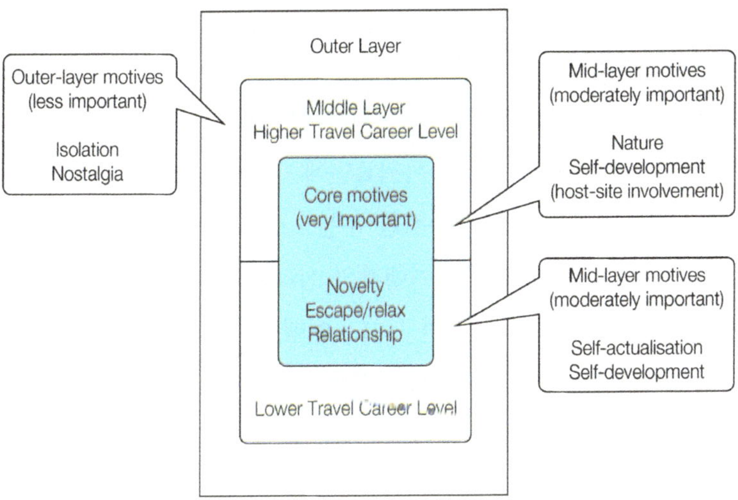

자료: Pearce(2002).

[그림 3-4] **여행경력패턴모형**(TCP: Travel Career Pattern)

후속 연구들은 여행경력패턴 TCP 모형(Pearce & Lee, 2005)의 타당성과 여행경력의 효과를 검증하고 있다(김동연 외, 2013; 김정훈, 2012; 송화성, 2015; 이봉구, 2014; 이상훈 외, 2012; 임지현 외, 2010; Filep & Greenacre, 2007; Lee, 2004; Paris & Teye, 2010; Song & Bae, 2018; Panchal & Pearce, 2011). 선행연구들은 여행경력에 따라 여행자의 여행경험은 질적으로 달라질 수 있음을 제시한다(고동우, 2019). 하지만 여행경력의 효과와 영향은 연구마다 다른 결과를 보여준다. 또한, TCP 모형은 여행경력에 따른 여행자 동기 변화에만 주로 초점을 맞추고 있어서 여행경력의 다양한 영향력과 적용 범위를 충분히 확장하지 못한 한계를 보인다.

이러한 문제점을 바탕으로 황영주 · 이훈(2022)은 여행경력의 개념을 재정립하고 체계적으로 여행경력 수준을 파악할 수 있는 여행경력 측정도구를 개발하였다. 구체적인 선행연구의 한계는 ① 여행경력 개념의 비일관성 ② 하위요인에 대한 논의 부족 ③ 여행경력을 '행동', '정서'만으로 측정한 부분으로 제시되었다. 선행연구들은 여행경력이 유발하는 여행자의 심리와 행동 변화에 대한 유용성은 인정하고 있지만, 연구마다 여행경력의 개념은 상이하고 측정에 있어서도 다양한 방식이 적용되어 온 것이다. 이러한 문제점으로 인해 TCP 모형을 검증한 연구들은 비일관적일 결과를 제시한 것이다.

연구자들은 여행경력을 재개념화하기 위해 현대인의 여가경향과 여가활동 참여 수준을 타당하게 설명할 수 있는 레크리에이션 전문화(recreation specialization)개념을 이론적 근거로 연구에 적용하였다. 여가/관광학 연구 분야에서 경력에 대한 생각은 전문화(specialization)개념으로 제시되며, 경력의 개념과 가치를 보완할 수 있는 개념으로 인정되어 왔기 때문이다(Pearce & Lee, 2005).

특히 레크리에이션 전문화 연구에서는 연속체적 개념을 가지고 있는 여가참여 현상의 측정 문제가 중요한 연구로 인식되며 레크리에이션 전문화 수준을 측정하는 방식에 대한 많은 논의와 진전이 이루어졌다(이문진 · 박일혁 · 황선환, 2011). 전통적으로 레크리에이션 전문화 수준은 과거경험 등의 행동 차원을 중심으로 측정되었으나(Bryan, 1977), 단일 차원의 측정방식에 대한 문제점이 지속적인 비난을 받으며 행동, 인지, 정서 차원으로 발전하여 개념화되었고(McIntyre & Pigram, 1992), 현재까지 다차원적 측정을 통한 합산이 가장 보편적으로 사용되고 있다(Vaske & Needham, 2007).

이에 따라 황영주 · 이훈(2022)은 레크리에이션 전문화 이론을 바탕으로 여행경력에 대한 통합적인 개념모형을 도출하고, 하위요인에 대한 논의를 확장하였다. 척도개발 절차에 따라 크게 ① 통합적 여행경력 개념모형 도출, ② 측정도구의 문항개발, ③ 측정도구의 타당도와 신뢰도 검증단계를 거쳐 여행경력 측정도구를 개발하였으며, 질적 연구로 도출된 자료를 바탕으로 통계적으로 유의한 결과가 도출되어 이론적으로 타당한 측정도구임을 증명하였다.

여행경력은 '개인의 지속적인 여행참여를 나타내는 용어로, 여행경험을 통해 축적된 개인의 특정성향이자 주관적 여행전문화 수준을 반영하는 개념'으로 정의되었다. 또한, 여행경력은 행동,

인지, 정서의 다차원적 개념으로 하위요인은 과거경험, 경제적 투자, 지식, 기술, 여행의 중요성, 여행의 즐거움으로 세분화되었다. 여행경력 구성개념과 하위요인을 정리하면 다음과 같다.

[표 3-5] 여행경력과 하위요인 개념

<table>
<tr><th>구분</th><th colspan="2">개념 정의</th></tr>
<tr><td>여행경력
(Travel Career: TC)</td><td colspan="2">• 개인의 지속적인 여행참여를 나타내는 용어로, 여행경험을 통해 축적된 개인의 특정 여행 성향이자 여행 전문화의 주관적 수준을 반영하는 개념</td></tr>
<tr><td rowspan="2">여행경력 정서
(Travel Career Affect: TC-A)</td><td>• 중요성(Centrality to lifestyle)</td><td>• 자신의 삶에서 해외여행 경험이 차지하는 중요성과 연관성</td></tr>
<tr><td>• 즐거움(Enjoyment)</td><td>• 해외여행 경험이 자신의 삶에 주는 지속적인 즐거움</td></tr>
<tr><td rowspan="2">여행경력 행동
(Travel Career Behavior: TC-B)</td><td>• 과거경험(Past experience)</td><td>• 과거 해외 여행경험 정도(참여기간, 빈도, 강도)</td></tr>
<tr><td>• 경제적 투자
(Investment)</td><td>• 해외여행경험과 관련된 금전적 지출</td></tr>
<tr><td rowspan="2">여행경력 인지
(Travel Career Cognition: TC-C)</td><td>• 지식(Knowledge)</td><td>• 해외여행과 관련된 여행지식 정도</td></tr>
<tr><td>• 기술(Skill)</td><td>• 해외여행 관련 기술(정보탐색 능력, 현지교류 및 커뮤니케이션 기술)</td></tr>
</table>

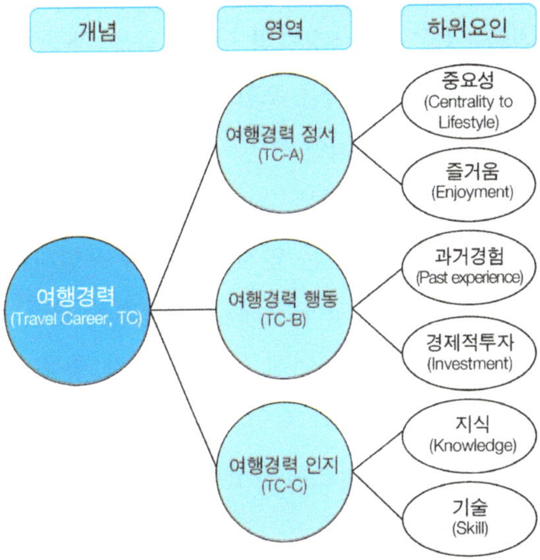

$$* \ f(TC) = f(A) + f(B) + f(C)$$
$$f(A) = Travel\ Career\ Affect$$
$$f(B) = Travel\ Career\ Behavior$$
$$f(C) = Travel\ Career\ Cognition$$

자료: 황영주 · 이훈(2022).

[그림 3-5] **여행경력 모형**(Travel Career-ABC: TC-ABC)

관련 연구는 여행경력에 대한 일관된 개념과 하위요인에 대한 논의가 미흡한 가운데, 동일한 여가에 참여하고 있는 사람들의 심리적, 행동적 차이를 설명하는 변수로 다양한 여가활동 연구에 적용되어온 레크리에이션 전문화 이론을 여행경력에 적용하여(이진형, 2005; McFarlane, 1994), 여행경력 개념을 재개념화 하였고, 측정방식에도 진전을 이루며 여행경력의 구성개념을 확장하였다.

특히 여행지식과 여행기술을 포함하는 인지 차원은 여행경력을 설명할 수 있는 매우 핵심적인 요인으로 도출되었으나, 관광학 분야의 여행경력 구성개념에서는 관련 변수에 대한 논의가 이루어지지 않았다. 여행경력 모형은 인지적 차원을 포함하여 행동, 정서, 인지의 다차원으로 구성하여 개념화 되었다. 관련 모형을 활용한 여행경력 척도는 향후 여행 동기, 여행자 행동, 여행 만족, 여행행복, 삶의 질 등 다양한 요인과의 영향관계 등을 확인하기 위한 이론적 토대를 확장하는데 유용한 기초자료로 활용될 수 있을 것이다.

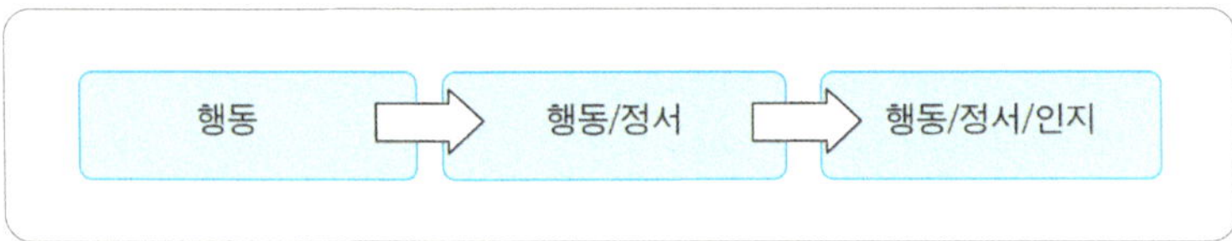

[그림 3-6] 여행경력(Travel Career)구성개념 확장

나. 진지한 여가 이론(Serious Leisure Theory)

진지한 여가이론은 여행경력이론과 관련되어 여행경험의 심화과정을 설명한다. 진지한 여가(Serious Leisure)는 캐나다 캘거리 대학교 교수인 로버트 스테빈스(Robert Stebbins)에 의하여 1973년에 제시된 여가 개념 이론이다. 기존 학자들은 여가보다 일에서 삶의

의미를 찾지만, 그는 일이 아닌 진지한 여가를 대안으로 제시하였으며 삶의 질 및 자아실현을 위해 진지한 여가를 추구하는 것이 필요하다고 주장하였다. 그는 진지한 여가란 여가의 한 형태로서, 진지함(seriousness)에 대응하는 상대 개념인 일상적(casual) 또는 진지하지 않은(unserious) 여가와의 이분법적 비교를 통하여 효과적으로 이해할 수 있다고 생각하였다(Stebbins, 1973).

진지한 여가는 특정 기술 습득과 지식 추구 등의 활동에 따라서 유형을 구분하여 분석한다. 진지한 여가는 일상적 여가를 얼마나 체계적이고 전문적으로 실행하느냐의 정도를 나타낸다. 진지한 여가는 심도 있고 깊이 있는 여가활동으로서 자신의 행복을 높여주는 의미있는 활동으로 평가할 수 있다.

Stebbins는 진지한 여가(Serious Leisure)를 다음과 같이 분류한다. 진지한 여가는 여가 참여자들이 전문적 지식과 기술을 습득하고 표현하는 여가활동으로 관련 활동에서 흥미와 가치를 얻는 것으로, 세부적으로는 '아마추어형(amateur)' '취미활동형(hobbyist)' '자원봉사형(volunteer)'으로 분류할 수 있다.

아마추어형은 주로 과학, 예술, 스포츠 등과 같은 전문분야의 몰입성이 높은 유형으로, 주로 여가활동이 경력(career)과 연관되면서 여가에 몰두하는 특성을 갖는다. 취미활동형은 아마추어형보다는 상대적으로 전문성과 몰입이 낮은 여가활동이지만, 여가참여를 통해 자아 변화를 경험하는 유형이다. 자원봉사형은 여가로서 가치가 있다고 생각하는 사회 봉사활동을 자발적으로 하는 유형이다. Stebbins(1992)는 진지한 여가의 유형인 '아마추어, 취미활동가 그리고 자발적 봉사자'의 차이점을 여가 동기와 사회적 역할 정도에 따라 다음과 같이 설명하고 있다.

[표 3-6] 진지한 여가활동 유형 따른 특성

구분	아마추어 활동	취미활동	자원봉사
동기	- 개인적인 관심 - 대중적인 관심 - 이타주의 - 재정적인 관심	- 개인적인 관심 - 대중적인 관심 - 재정적 관심	- 이타주의 (개인적인 관심)
사회적 역할	직업적 전문가	비노동	위임된 직무
제목	- 만족감 - 문화적 - 도움 - 상업적	- 만족감 - 문화적 - 상업적	- 도움(만족감)

출처: Stebbins(1992).

진지한 여가 개념을 제안한 Stebbins(1982)는 여가에 참여하는 것은 개인적 표현과 자아실현, 정체성 향상, 자기만족과 같은 개인적 목표를 실현할 수 있는 중요한 기회로, 이러한 목표의 성취는 여가활동에 어떻게 참여하는지에 달려있음을 주장하였다(Stebbins, 1982).

Stebbins(1997)는 진지한 여가를 개념화할 수 있는 특성을 인내심(persevere), 경력(career), 개인적인 노력(personal effort), 지속적 혜택(durabel benefits), 특유의 감정(unique ethos), 강한 동일시(strong identify) 등을 제시하였다.

인내심(persevere)은 특정 여가활동을 지속하는 과정에서 때때로 위험에 대처하거나 당혹감을 관리하는 것과 같이 어려움을 극복하기 위한 인내심이 있어야 한다는 것을 의미한다. 경력(career)은 적극적인 여가활동을 통해 특수상황이나 성취의 단계, 전환점 등을 경험하면서 획득하게 되는 전문성이다. 전문성은 여가 참여자가 시간과 노력을 투자하여 얻은 기술, 지식, 능력의 향상을 의미한다. 진지한 여가 참여를 통해 축적된 경력은 '개인적 노력(personal effort)'의 결과이다.

다음의 특성은 '지속적인 혜택(durable benefits)'이다. 혜택이란 여가활동에 참여한 사람들이 얻을 수 있고 동의할 수 있는 결과물로 진지한 여가 참여자들은 자아실현, 자아표현, 성취감, 사회적 상호작용과 소속감, 지속적 활동을 통한 편익을 얻는다. 한편, 순간적인 자기만족이나 피상적인 즐거움은 일상적 여가에서는 중요하지만 진지한 여가에서는 부수적인 결과물로 여겨진다(김미량, 2009).

특유의 감정(unique ethos)은 자신이 선택한 것을 표현함으로써 서서히 드러나는 고유한 감정으로, 관련 감정의 핵심 구성 요소에는 고유의 사회체계(social worlds)가 존재한다. 이 세계는 수년에 걸쳐 자신이 추구하는 바에 열성적으로 빠져 있을 때 발전하게 된다(서용석 · 이훈, 2007). 고유의 사회체계는 조직의 차원이며, 구체적으로 특유의 감정은 태도, 실천, 가치, 신념, 목표 등의 형태로 드러나는 진지한 여가 참여자들의 공동체 정신을 의미한다(Stebbins, 1997).

강한 동일시(strong identify)는 앞에서 제시한 다섯 가지 특징을 중심으로 전개된다. 진지한 여가 참여자들은 자신이 선택한 활동을 통해 그 활동만의 독특함을 찾아내는(identify) 경향이 있고, 진지한 여가 참가자들은 자신의 활동과 자신을 동일시하여 자신을 드러내고자 하는 특징이 있다.

또한, Stebbins(2001)는 진지한 여가 참여를 통해 개인적 보상과 사회적 보상이 주어진다고 하였다. 개인적 보상은 자아실현, 자아표현, 자아이미지, 자아만족, 자아재창조 등이며, 사회적 보상은 사회적 매력, 집단성취, 집단 발전과 유지기여 등으로 이러한 보상은 열성적인 여가 참여만을 통해 얻을 수 있는 혜택이라는 것을 강조하였다(Stebbins, 1997).

정리하면, 진지한 여가는 여가활동에 물리적으로 많은 시간을 투자하고 부정적인 여가 경험을 극복하는 동시에 지속적으로 여가 활동에 참여하기 위해 노력하는 활동을 의미한다. 진지한 여가가 되기 위해서는 여섯 가지 요소(인내심, 전문성, 노력, 지속적 보상, 동일시, 특유의 감정)가 포함되어야 하며 관련 내용들은 행복과도 관련되어 있다.

4. 사회적 조건과 여행행복

행복은 기본적으로 행복한 상태를 지각하는 심리적인 개념으로 개별적이며 주관적인 요소가 강하다. 그렇지만 주관적 행복은 사회·환경적인 변화와 유기적으로 함께 변화하기 때문에 사회조건에 대한 이해도 필요하다.

MacCannell(2011)은 사회적 구조분화(social structural differentiation)를 기반으로 여행을 분석하였다. 분화라는 것은 사회발전과 현대화와 같은 의미로 해석될 수 있으며, 사회적 분화에 의해 사회계급, 민족, 정치적 집단 등 집단 간의 차이가 발생한다. 고도로 발전된 현대사회에서 분화는 더욱 강화되고, 복잡해지며, 지속적으로 세분화하여 재구성되고 있다. 이처럼 사회 구조 안에서 분화로 인한 변화는 개인의 가치관과 지각 상태에도 영향을 미칠 수 있다.

개인은 사회 구조의 변화에 따라 여행에서 느끼는 행복 기준도 달라질 수 있으며, 어떤 사회 범주에 속했느냐에 따라 각자의 행복 기준이 달라질 수 있다. 반면에 개인 행복 기준의 변화는 다시 사회에 영향을 줄 수 있어, 개인과 사회의 변화는 상호 간에 유기적으로 연관되어 있다. 이에, 여행을 통한 행복을 체계적으로 이해하기 위해서는 개인의 심리적인 수준과 함께 사회적인 조건의 영향력을 같이 고려하는 것이 필요하다.

유럽 재단(EFSQ)은 사회적 질(social quality)에 대한 연구를 통하여 그 요인을 규명하도록 노력하고 있다. 이 연구의 목적은 일반적인 행복 및 만족과 사회적 측면에서 질(사회의 상태)에 관한 연관성을 고찰하는 것이다. EFSQ의 연구에 의하면 사회적인 질은 '사람들이 지각하는 행복(well-being)'으로, 독립된 개인을 궁극적 실체로 본다. 사회적 질 접근은 궁극적으로 개인에게 초점을 맞추어 행복을 이해하지만, 개인을 사회에서 구분된 주체가 아니라 사회 상황의 발전 속에서 변화하며 생활을 영위해 나가는 가변적인 활동 주체로서 이해한다. 따라서 다양한 영역의 상호 관련 속에서 사회적 질을 파악하고, 개인행동과의 상호 관계를 분석하고, 인간이라는 주체를 사회적 주체로 반영한 변화를 확인하고자 한다. 사회적 질을 측정하는 사회적 조건(외부영향)은 '사회관계, 제도, 환경'으로 제시할 수 있다.

사회·관계적 조건은 가족, 친구와 가까운 관계 유지를 포함하는 개념으로, 이런 관계가 많을수록 웰빙을 쉽게 지각할 수 있다(Myers & Diener, 1995). 한국사회에서도 공식적 단체 가입 등과 같은 사회적 관계망 가입은 삶의 질과 행복에 영향을 줄 수 있다(박길성, 2002).

제도 조건은 사회의 상이한 제도에 따라 행복의 지각이 다르게 나타날 수 있다. Michalos(2003)는 제도 요소를 설명하면서, 일상생활에서 경찰 서비스가 잘 구성되어 있으면, 만족도가 상승하고 삶의 질이 올라간다는 결과를 보여주었다. 또한 Inglehart(1990)는 단순히 국가의 부유함뿐만 아니라 민주주의의 지속 연수가 전체적인 삶의 질과 높은 상관관계를 가진다는 점을 보여주었다.

환경 요소는 생태론적 시각을 반영한 것으로, 삶의 질이 사회 및 자연과 연관된 것을 포함하는 의미이다. 사회적인 것과 자연적인 것은 상호작용을 통하여 삶의 질과 행복에 영향을 미칠 수 있다.

이처럼 행복과 사회는 유기적으로 연관되어 있다. 따라서 실제 행복한 여행에 대한 기준과 행복한 여행에 대한 측정 방향을 설정하기 위해서는 여행자 개인의 지각된 행복 조건만을 고려하는 것이 아니라 사회적 조건을 함께 연구하는 것이 필요하다.

IV장

통합된 여행행복모형은 어떻게 구성되는가?

1. 여행단계별 영향 구조
2. 여행의 유형 및 특성
3. 통합적 이론을 통한 여행행복모형

1 여행단계별 영향 구조

Voigt & Pforr(2014)는 관광객의 행복에는 개별적이고 주관적인 요소뿐만 아니라 관광 목적지 수준 등 객관적인 요인이 포함되어야 한다고 제안하였다. 관광자의 인구통계적 특성도 여행행복에 조절효과를 미치고 있으며(McCabe & Johnson, 2013; McCabe *et al.*, 2010), 관광 서비스와 여행자의 성찰, 기억, 감정적 각성, 실존적 진정성 등 내적 경험도 만족에 영향을 미치는 것으로 나타났다(Neal *et al.*, 1999; 2007; Yu, Li, & Xiao, 2019). 여행이 행복에 주는 영향 관계를 파악하기 위해, 패널 정보를 활용해 여행 참여 수준에 따라 행복을 비교하는 연구(Pagan, 2013), 여행 전과 여행 중을 비교한 연구(de Bloom, Nawijn, Geurts, Kinnunen, Korpela, 2017), 여행 전후로 행복을 측정한 연구들이 있다(Strauss-Blasche, Ekmekcioglu & Marktl, 2002; Gao, Kersetter, Mowen & Hickerson, 2017).

Filep & Deery(2010)와 Larsen(2007)은 여행 전 기대단계(anticipating phase), 여행 중 온 사이트 단계(on-site phase), 여행 후인 회상 단계(reflective phase)에서 Authentic Happiness 이론을 결합하여 행복을 측정하는 것이 필요하다고 하였다. 구체적으로 여행 전, 중, 후의 개인 심리적 특성, 관광지 환경, 혼합경험, 사회적 관계, 특정 활동, 거시적 환경에 따른 행복 영향요인을 규명할 필요가 있음을 제안하였다.

즉 여행이 단순히 관광지에서 일어나는 활동이라는 단편적인 시각에서 벗어나 전체 과정을 아우르는 접근의 필요성이 강조되는 것이다. [그림 4-1]에서 알 수 있듯이 여행은 정보를 탐색하고 계획을 수립하는 단계에서부터 여행지에서의 다양한 활동, 일상으로 복귀하여 여행을 되돌아보고 평가하는 과정까지 일어나는 연속적인 활동이며, 이런 과정은 끊임없이 순환한다. 이런 여행의 흐름이라는 관점에서, 각 단계별로 여행자의 행복에 영향을 주는 다양한 요인에 대한 연구가 필요하다.

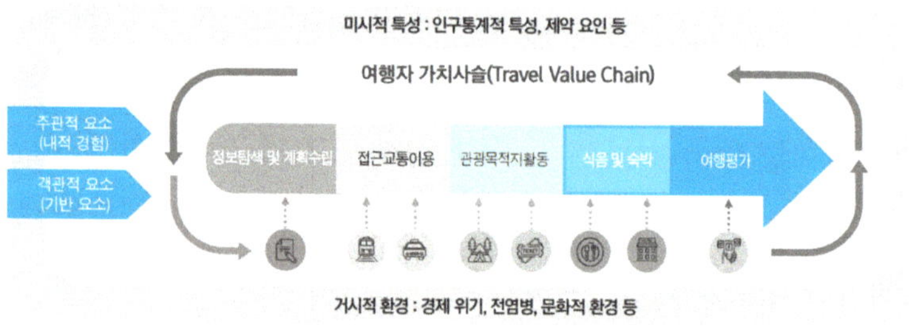

[그림 4-1] 여행과정별 영향 구조 모형

여행단계별 행복 영향요인을 살펴보면 다음과 같다. 먼저 여행 전 행복에 영향을 미치는 요인으로는 여행자의 행복상태(Jang *et al.*, 2009; Nawijn *et al.*, 2013; Sangpikul, 2008), 여행자 성격(Chen & Yoon, 2019; Lin *et al.*, 2014; Vinzenz *et al.*, 2019), 사회심리적 상태(Kim *et al.*, 2015; Kwon & Lee, 2020; Lee *et al.*, 2014), 외부 요인, 혼합동기, 인구통계적 특성 등이 있다. 외부 요인, 혼합동기, 인구통계적 특성 등이 있다. 특히, 여행 전 기대가 행복에 긍정적인 영향을 준다는 연구(Wei *et al.*, 2019)와 부정적인 영향을 준다는 연구(Nawijn *et al.*, 2013)도 있다. 신기성(Novelty)을 추구하는 성격과 긍정적인 삶의 태도 등은 여행 빈도를 높이고 삶의 만족에 직·간접적인 영향을 주었다.

여행 중 내적 지각 경험 요인은 숙련도(competence)에 따라 헤도닉 즐거움(Hedonic Enjoyment)이 조절될 수 있다. 숙련자의 경우 유의한 조절효과를 보였지만, 초보자의 경우 유의하지 않았다. NGO 여행 프로그램에 참여한 소외 아동과 가족을 인터뷰한 결과, 여행경험은 여행 직후 아동의 웰빙을 높였을 뿐 아니라 이후로도 여행을 회상하고 다음 여행을 기대하게 되어 장기적으로 영향을 미치고 있었다(Quinn & Stacey, 2010).

여행 중 여행자 행복에 영향을 미치는 관광지 환경요인은 관광 기반 요소인 서비스 수준, 자연환경, 운송수단과 같은 요소이다. Su *et al.*(2018)은 관광지의 명성도 또한 만족도와 주관적 웰빙에 영향을 미친다고 하였다. 여행 중 사회적 관계도 행복에 영향을 미치는 요인으로, 특히 관계적 측면에서 가족관계가 주로 나타났다. 배우자, 친인척, 사회적 관계 등 여행 동반자와의 관계는 행복에 영향을 미쳤다. 또한, 다른 여행자와의 교류, SNS를 통한 공유 활동 또한 여행행복에 영향을 미치는 것으로 나타났다(Gram *et al.*, 2019).

여행 중 혼합경험 요인이란 내적요인, 외적 요인에 의해 여행자의 행복에 영향을 미치는 경험이 다차원적으로 나타나는 것을 의미한다. 여행 중 소비는 여행의 중요한 부분으로, 여행 활동은 경험적 소비와 물질적 소비를 모두 포함하는 경험이다. 일반적으로 경험을 소비하는 것이 더 장기적인 행복을 제공할 수 있지만(Gilovich, Kumar, & Jampol, 2015), 여행 중 경험하는 체험과 물질적 소비는 모두 높은 수준의 여행 만족과 행복에 영향을 미칠 수 있다(Hwang, Kim, Lee, & Kim, 2019).

Wu *et al.*(2020)은 토착관광에서 자연 감상(enjoying nature), 생활방식(a simple lifestyle), 토착 활동 참여(participating in indigenous activities), 민속 문화 경험(experiencing ethnic culture) 등이 행복에 영향을 미치는 것으로 제시하였다. 또한, 야생동물 관찰 투어 참가자들은 자연에 경외감을 느끼고 몰입(flow) 경험을 통해 정신적인 충족과 웰빙을 느끼는 것(feeling of well-being)으로 나타났다(Curtin, 2009).

한편, Mody *et al.*(2019)은 관광상품에 대한 진정성 경험(브랜드 진정성, 실존적 진정성, 내재적 진정성)이 웰빙에 미치는 영향이 크다고 주장하였다. 특히 에어비엔비를 사용한 사람들의 실존적, 내재적 진정성 경험이 웰빙에 더 높은 영향을 미치는 것으로 나타났으며, 웰빙을 통한 여행경험이 기억과 브랜드 충성도에 높은 영향을 미치는 것으로 나타났다. De Bloom *et al.*(2017)은 여행자의 행동과 인지, 감정을 측정하여 일상 중의 자유시간과 어떤 차이가 있는지 연구했다. 그 결과, 여행 중에는 수면시간이 증가하고 신체적인 활동을 많이 하며, 일반적인 주말과 비교했을 때 보다 일에 대한 생각을 훨씬 적게 하는 것으로 나타났다.

모험관광에서는 초월적 경험(Transcendent experience)이 몰입(flow)과 행복에 영향을 준다. 초월적 경험은, 신비주의(mysticism), 황홀감(ecstasy), 절정 경험(peak experience) 등으로, 관련 경험의 특징은 강한 긍정적 정서, 일상의 경계를 뛰어넘는 느낌, 우주와 일체가 된 느낌, 그 순간에 몰두함, 시간의 흐름을 잊어버린 느낌 등이다(이승훈, 2014). Tsaur *et al.*(2012)은 암벽 등반자를 대상으로 모험관광에서 초월적 경험, 몰입(flow), 행복의 상관관계를 밝혔다. 그 결과 초월적인 경험은 여행행복을 증진시키며, 몰입은 매개효과를 보인다. 그러나 초보자의 경우 초월적 경험이 헤도니아적 행복으로 이어지지는 않았는데, 이는 모험관광에 있어서는 개인의 경력과 기술수준에 따라 경험하는 행복에 차이가 있음을 시사한다.

Yu *et al.*(2019)은 지각된 문화적 거리(Perceived Cultural Distance), 실존적 진정성, 통합적 웰빙(주관적 웰빙과 유다이모니아 웰빙)간의 관계를 통합적으로 측정했다. 분석 결과 여행지에서 문화적인 거리감을 많이 느낀다고 해서 실존적 진정성을 경험하는 것은 아니지만, 실존적 진정성의 경험은 헤도니아와 유다이모니아적 웰빙과 모두 연관이 있었다. 즉 여행에서 자기 자신에 대해 성찰하고 진정한 자신의 모습을 알아가는 과정은 여행행복에 영향을 준다.

Bosnjak *et al.*(2016)은 여행 중 특정 활동에서 헤도니아와 유다이모니아가 결합된 형태로서 행복을 측정하였다. 여행 중 스키와 쉐그댄스의 두가지 다른 유형의 관광형태를 조사하였는데, 그 결과 자기표현 활동은 행복감을 증진시키는 것으로 분석되었다. 또한 여행 활동에서 느끼는 헤도닉적 즐거움(Hedonic enjoyment)이 행복에 영향을 미쳤는데, 이는 자기표현 정도에 의해 영향력이 조절되었다.

여행 후 활동 요인의 대표적인 것은 SNS 인적 공유(소비경험, 물질경험)이다. SNS 활동은 여행을 매개로, 타인에 대한 염려, 자기향상욕구, 부정적 감정의 해소 여부가 여행행복에 영향을 미치는 것으로 나타났다(Lee & Oh, 2017). Servidio & Ruffolo(2016)는 기억에 남는 여행(Memorable tourism experience)을 통해 여행의 4단계(기대, 떠남, 여행 중, 돌아옴)에 따라 나타나는 감정변화를 분석하였다. 그 결과 각 단계마다 다른 감정이 주도하였는데, 이러한 감정의 경험이 전체적인 여행경험의 핵심으로 제시되었다. 예를 들어, 여행 중에는 대체로 '행복하다'라고 행복을 직접적으로 표출하는 반면, 여행이 끝나고 돌아올 때는 슬픔을 느꼈다. 이러한 감정들의 강렬한 경험은 여행을 더욱 기억하게 만들어주는 요인이었다.

Su *et al.*(2015)은 관광지 서비스(service fairness, service quality)가 여행자의 주관적 웰빙에 미치는 영향을 연구하였다. 연구결과, 관광지 만족도의 매개효과를 통한 영향 관계에서 서비스 공정성보다는 서비스 품질의 효과가 더 크게 나타났고, 여행의 형태에 따라 체험경제(experience economy)의 네 가지 체험 요소의 영향력이 다르게 나타났다(Luo *et al.*, 2018; Hwang & Lee, 2018).

여행 후 단계에서 행복이 어떻게 나타나는가에 대한 연구도 진행 중이다. Chen *et al.*(2013)은 기준점 이론(Set-point Theory)을 기반으로 여행에서의 행복이 장기적인 주관적 행복(Chronic SWB)이 아닌 일시적인 주관적 행복(Occasion-specific SWB)이라고 주장하였다. 반면 Gilbert & Abdullah(2004)는 여행의 효과가 2달 이상 지속된다고 제안하였다. Lyu *et al.*(2018)은 여행과 행복의 관계에 대해 단기적으로 정서적(Emotional), 관계적(Relational) 경험이 주관적 웰빙에 영향이 있지만, 6개월 후에는 사고적(Thinking) 경험이 주관적 웰빙에 영향이 있다고 주장하였다.

Kwon & Lee(2020)는 쾌락적응 이론을 통해 여행경험이 행복감 지속에 어떤 영향을 미치는지 분석하였다. 한국인 225명의 여행객을 대상으로 조사한 결과 여행이 끝난 후에도 1개월 동안 행복감이 지속되는 것을 확인하였다. 이처럼 여행경험은 단편적인 활동으로 끝나지 않고, 이후의 삶에서도 지속적으로 행복에 영향을 준다.

2 여행의 유형 및 특성

연구자들은 여행행복 연구에서 여행 특성과 여행유형이 더욱 반영될 필요가 있다고 주장한다(Nawijn, 2011; Sedgley *et al.*, 2017; Saayman *et al.*, 2018; McCabe *et al.*, 2010). Kroesen & Handy(2014)는 같은 여행이라도 여행기간, 빈도를 고려하여 여행의 효과를 비교할 필요가 있다고 제안하였다. 특히 여행의 복잡성에도 여행유형, 행동(개별, 패키지), 연령별 특이점 등에 대해 세부적으로 분석한 연구는 부족하다.

여행자 특성별 여행유형에 관한 선행연구를 살펴보면 노인, 장애인 등 특수계층을 대상으로 하는 경우 패키지 형태가 중심을 이루며(Sangpikul, 2008; Morgan *et al.*, 2015; Pyke *et al.*, 2019), 나머지 연구에서는 대부분 개별여행의 특성을 반영한다. 여행유형을 세분화하여(예: 휴가, 가족여행, 문화유산관광, 웰니스 관광, 모험관광, 전환관광, 복합리조트 관광, 자연관광, 럭셔리 관광, 스포츠 관광, 식도락 관광, 숙박관광 등) 집단의 특성을 살펴볼 필요가 있다.

대표적인 여행유형별 행복에 대한 선행연구를 살펴보면 다음과 같다. 첫째, 문화유산관광은 역사문화유산 답사, 순례지 방문, 템플스테이 등의 형태로 나타났다. Pyke *et al.*(2019)은 최근 12개월 내에 여행경험이 없는 저소득층을 대상으로 역사문화관광지를 방문하는 여행에 참여하게 하고, 역사적 장소의 삶을 직접 체험하며 배우는 시간을 가지게 하였다. 그 결과, 여행 전과 비교하여 여행 후에는 주관적인 웰빙이 높아졌으며, 가족 및 배우자와의 관계도 더욱 개선되었다는 결과가 나타났다. Kim *et al.*(2016)은 스페인의 카미야고 순례길 관광을 한 여행자를 대상으로 인터뷰를 진행하여, 순례 여행의 속성, 순례자들이 얻는 이점, 웰빙 및 성취감에 대하여 분석하였다. 여행자들은 동료 순례자와 여행하면서 쌓은 사회적 유대감을 통해서 행복을 경험하였고, 순례하는 동안 자연의 아름다움을 감상하면서 행복을 느꼈다는 결과가 제시되었다. Bae *et al.*(2019)은 템플스테이 참가자들을 대상으로 반구조화된 인터뷰를 실시하였고, 그 결과 참가자들이 템플스테이를 종교적인 관점이 아니라 문화적 관점으로 인지하고 있다는 점을 알 수 있었다. 참가자들은 템플스테이를 통하여 쾌락적 웰빙(Hedonic wellbeing)이 아닌 자아성찰을 하는 등의 진지한 경험을 통해 유다이모닉 웰빙을 경험한다는 것을 확인하였다.

둘째, 자연생태관광은 국립공원 방문, 해변 및 수변관광, 등산, 동식물 등의 야생자연관람 등의 형태로 나타났다. Puhakka *et al.*(2017)은 국립공원 방문이 사회적, 심리적, 신체적 웰빙에 미치는 영향을 분석하였고, Bimonte & Faralla(2015)는 이탈리아 토스카나 남부 해안 관광지를 방문한 관광객들을 대상으로 설문조사를 진행한 결과, 자연근접성(Proximity to nature)이 정서적, 정신적, 신체적 웰빙을 촉진시키게 되어 자연감상을 더 많이 하는 여행자가 더 큰 행복감을 느낀다는 결과를 도출하였다. Curtin(2009)은 야생관광으로 고래 및 새 관람 투어를 경험한 관광객들을 대상으로 인터뷰를 진행한 결과, 야생관광은 경외감을 자아내며, 관광객들은 동물들을 바라보며 몰입하게 되고 그 과정에서 정신적인 충족을 느끼고 행복감을 느끼는 웰빙을 경험한다고 답변하였다.

셋째, 웰니스 관광은 온천방문 및 치유여행 등의 형태로 나타났다. Lin(2013)은 대만온천 및 리조트 방문객들을 대상으로 설문조사를 시행하였는데, 웰니스 스파 경험은 주관적 웰빙과 관광지 충성도에 긍정적인 영향을 미치는 것으로 나타났다. Ashton(2018)은 태국의 영적치유관광을 목적으로 태국을 방문한 관광객들의 동기가 여행만족과 재방문 의도에 미치는 영향을 분석하였다. 그 결과, 힐링여행을 경험한 관광객들은 긍정적 정서와 주관적 행복이 증가했고, 일상생활에서 스트레스 수치가 높았던 여행자들의 경우, 여행 전 대비 여행 후 스트레스 수치가 감소한다는 것을 발견하였다(Kawakubo *et al.*, 2017).

넷째, 복지관광은 크게 장애인 관광, 시니어 관광 등으로 구분할 수 있다. 장애인 관광으로 저명한 Pagan(2013)의 연구를 살펴보면, 장애인의 경우 여행 참여빈도는 일반인들에 비해 낮지만, 여행을 통해 삶의 만족이 증가하는 정도는 일반인들에 비해 크다는 점을 발견하였다. 또한, 2015년 연구에서는 휴가를 보낸 장애인이 비장애인보다 더 높은 삶의 만족을 경험하며, 참여빈도가 높아질수록 삶의 만족 수준이 높다는 것을 발견하였다. 즉, 장애인에게 있어 여행은 외로움을 낮춰주는 요인이 되며, 일상생활에 있어 제약이 큰 사람들의 경우, 여행이 주는 긍정적인 효과가 더욱 증진한다는 결과를 확인할 수 있다(Pagan, 2020).

시니어 관광의 경우, 노인 중 관광활동을 하는 사람들이 더 활동적이며, 스스로 건강하다고 인지하고 있으며, 주관적 웰빙 및 사회적 교류 향상으로 삶의 만족도가 높아진다는 결과를 다양한 선행연구에서 밝혀내었다(Wei & Milman, 2002; Morgan *et al.*, 2015; Ferrer *et al.*, 2016; Moal-Ulvoas, 2017). Bai *et al.*(2017)의 연구 역시 노인들은 여행을 통해 삶의 만족을 증진시키는 것으로 나타났다. 특히 남성은 여행을 일탈 및 휴식의 기회로, 여성은 자긍심 증진 및 배움을 목적으로 여행한다는 점을 발견하였다. 실제 세계 보건기구(WHO)에 따르면 전 세계 인구의 15%가 장애를 겪고 있는 것으로 추정하고 있으며, 고령화가 가속화되고 있다(경기관광공사, 2020). 관광약자는 니치 마켓이 아니라, 주요한 관광 시장으로, 새로운 관광 소비자층에 대한 이해와 여행경험을 통한 행복감 증진에 대한 다양한 연구가 필요하다.

기타 관광 유형으로, 스포츠 관광, 위험관광, 전환관광 등을 제시할 수 있다. 자전거, 스키, 댄스 등의 스포츠 활동은 순간적인 즐거움인 헤도닉 웰빙과 건강증진 등 장기적인 유다이모닉 웰빙 등에 모두 긍정적인 영향을 준다는 결과를 도출하였다(Bosnjak *et al.*, 2016; Den Hoed, 2020). 모험관광은 여행 중 위험한 상황들, 고난, 역경 등을 경험하게 되는 관광을 의미하는데, Holm *et al.*(2017)은 주관적 웰빙과 모험관광 간 관계를 살펴보기 위해 웰빙 및 관광행동을 중심으로 문헌고찰을 실시하였다. 그 결과 위험요소를 통해 얻는 부정적 감정이 오히려 탈출 및 자유감을 증진시키고, 스트레스 감소와 순환과정을 거치며, 개인의 웰빙에 긍정적 영향을 주는 것을 확인하였다.

또한, Filep *et al.*(2017)은 여행 중 고난을 겪었을 때, 누군가의 도움을 받으면 유다이모닉 성장(자신감 증진 및 사회적 상호작용)을 할 수 있다는 것을 발견하였다. 한편, Laing & Frost(2017)는 이탈리아를 여행한 여성 관광객들을 대상으로 인터뷰를 실시하여, 전환관광에 대하여 분석하였다. 그 결과, 여성들은 여행을 통해 분리 회복, 자율성, 숙달, 소속감, 삶의 의미 등을 경험하였다는 점을 확인할 수 있었다.

여행기간에 따른 구분도 필요하다. 국립공원 방문자들은 다방면에서 웰빙을 느끼는데, 당일 방문자보다 숙박한 사람들의 웰빙이 더 높게 나타났다(Puhakka *et al.*, 2017). Chen *et al.*(2016)은 여행기간이 길수록 회복경험을 통해 삶의 만족에 기여한다고 제안했지만, Nawijn(2010)은 긴 여행에 비해 짧은 여행에서 긍정적 기분(mood)이 높게 측정된다고 주장하였다.

한편 de Bloom *et al.*(2017)은 여행 중 웰빙경험과 일상에서의 평일 및 주말의 웰빙을 비교했는데, 일상의 평일 웰빙과 여행 중 웰빙은 유의미한 차이를 보였지만, 일상의 주말 웰빙과 여행에서의 웰빙은 유의미한 차이를 보이지 않았다. 향후 여행유형별로 여행기간에 따른 웰빙 수준의 차이를 비교하는 연구가 필요함을 제안하였다.

3 통합적 이론을 통한 여행행복모형

1. 여행행복모형에 대한 문제제기

일부 연구자들은 행복한 여행을 측정하기 위해 여행행복 통합모델을 주장한다. Hwang *et al.*(2019)은 여행경험에서 헤도닉과 유다이모닉 행복의 구별에 대한 연구가 필요하다고 제안했던 반면, Chen & Yoon(2019)은 주관적 웰빙과 유다이모니아 웰빙의 모델을 통합할 필요가 있다고 제안하였다. Smith & Diekman(2017) 역시 헤도닉과 유다이모닉의 통합적 모델을 제안하였다. 반면, Huta & Ryan(2010)은 오히려 헤도닉과 유다이모닉 웰빙을 분류할 수 없다고 주장하였으며, 감정 역시 유다이모닉 웰빙과 연관이 있다고 생각하였다(Knobloch *et al.*, 2017; Huta, 2013; Waterman, 1993). Bimonte & Faralla(2012)는 행복과 삶의 질 측정요소 등의 통합적 접근이 필요하다고 제안하였다.

Ram *et al.*(2013)은 여행의 행복 순환 모델 "tourism happiness loop"를 제시하며 여행 전 기대와 여행 중의 경험, 여행 후 회상은 모두 긍정적인 감정을 불러일으키며 다음 여행에 대한 기대로 이어진다고 주장하였다. 이 모델에서 여행지로의 이동(2)과 복귀하는 과정(4)은 happiness loop에 포함되지 않는데, 이들은 모빌리티 자체만으로는 행복의 조건이 아니라고 파악하였다. 그러나 기내 서비스(Ahn *et al.*, 2015), 공항 라운지 경험(Kim *et al.*, 2015) 등 여행수단이 웰빙 지각과 만족도에 영향을 미친다는 결과를 도출한 연구들도 있다.

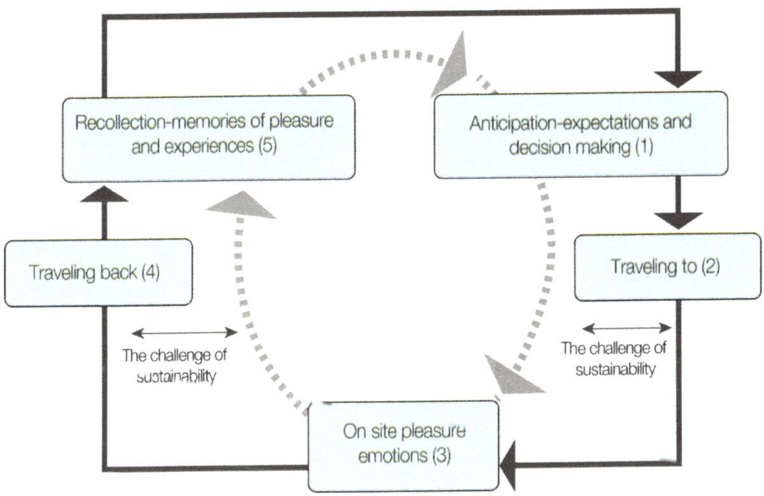

자료: Ram, Nawijn, & Peeters(2013).

[그림 4-2] 관광행복루프

따라서 관광시스템 차원(관광자 내적 경험, 관계적 경험, 관광지 환경, 거시적 환경)에서 행복에 영향을 주는 요인과 인지적(삶의 만족), 정서적 측면(영향)의 행복요인을 통합한 여행행복모형 개발이 필요하다.

2. 일반행복모형(General Happiness Model)

본 저서는, 1장에서 행복의 개념을 정립하기 위해 철학적 논의와 심리학 영역에서 확장된 행복의 개념과 측정방식을 살펴보았다. 2장에서는 여행이 일상화된 현대사회에서 사람들은 왜 여행을 하며, 어떠한 여행을 하고 있는지를 파악하였다. 또한, 이와 관련된 여행행복의 담론은 무엇이며, 관련 연구들이 어떻게 진행되고 있는지 분석하였다. 3장에서는 어떤 여행이 사람들을 행복하게 하는지 여행행복의 조건과 유형을 살펴보았다.

행복의 개념은 철학적 논의에서 나아가 현재 과학적으로 측정되는 수준으로 진전하고 있다. 헤도니즘(Hedonism)과 유다이모니즘(Eudaimonism)에서 파생된 행복철학을 바탕으로 심리학에서 그 개념이 구체화되고 이를 측정하기 위한 여러 가지 방법들도 발전하였다. 행복을 의미하는 개념도 다양하게 나타나고 있다. 삶의 질, 삶의 만족, 주관적 웰빙, 심리적 웰빙, 헤도닉 웰빙, 유다이모닉 웰빙, 긍정적 · 부정적 정서 등 각 학문 분야의 특성과 측정방식에 따라 관련 개념은 다르게 나타나고 있다.

헤도닉 관점(Hedonic)은 기쁜, 즐거운, 편안한, 고통이 없는 순간적인 쾌락적 상태로 긍정적 정서의 증가 및 부정적 정서의 감소, 그리고 삶의 만족을 추구하는 것을 의미한다. 유다이모닉(Eudaimonic) 관점은 개인이 인생에서 추구하는 가치에 의해 주관적인 경험 내 삶의 의미, 진정성, 탁월성, 자아성장을 추구하는 것이다.

행복은 사회변화 과정 속에서 개인의 내적 측면과 환경적 맥락에 따라 삶의 전반에 폭넓게 나타나고 분화되는 것이다. 행복은 일시적 감정 또는 순간적인 기쁨에 국한되는 것이 아니다. 행복은 사회문화적 맥락(패러다임, 국가, 사회문화, 생애주기 등)에 따라 정도의 차이가 나타난다. 개인의 특질(성향, 정서, 가치관 등) 및 행복에 대한 기준점(set point)에 따라 다르게 나타나며, 행복은 참여한 활동의 경험 수준에 따라 그 정도가 다르게 나타난다. 이를 종합하면, 행복은 다차원적 특성이 고려된 통합적 행복(Integrated Happiness)이 고려되어야 한다.

첫째는 헤도니아(Hedonia) 차원으로 강력하고 자극적이며 즉각적인 특성을 가진다. 이는 우연성, 불확실성, 신기성 등으로부터 자극을 받는다. 니체가 제시한 놀이하는 아이의 디오니소스 차원이며, 프로이드의 원초적 자아로, 순간순간 최선을 다해 몰입함으로써 좌절과 지루함으로부터 벗어날 수 있는 차원이다.

헤도니아는 세가지 유형으로 구분될 수 있다. 적극적 쾌락(active pleasure) 유형은 일탈감, 흥분, 열광, 도취, 무아지경, 황홀경, 전율, 환희, 희열 등을 의미한다. 일상의 일반적인 경험을 벗어나 일탈적 경험이나 강한 자극이 주어지는 것으로 락페스티벌이나 모험관광 등에서 나타날 수 있는 유형이다. 보통 쾌락(normal pleasure)유형은 기분 좋음, 반가움, 유쾌함, 기쁨, 즐거움, 재미, 활기, 감격 등을 포함한다. 기분 좋은 자극을 주는 일상에서의 여가나 여행의 일반적인 즐거움이 포함되는 유형이다. 소극적 쾌락(passive pleasure) 유형에는 여유로움, 위안, 편안함, 안도감, 포만감, 일체감 등을 포함한다(셀리그만, 2006). 산책이나 책읽기와 같은 사색적 여가유형과 휴양 및 치유 등의 관광에서 나타날 수 있는 유형이다. 여기에도 긍정적 정서와 부정적 정서를 포함한다.

둘째는 유다이모니아(Eudaimonia)차원으로, 좋은 삶을 추구하는 것이다. 유다이모니아의 좋은 삶이란 삶의 의미, 풍요로움이나 복잡성, 도덕적 삶 등을 모두 포함한다. 여기에는 개인적인 의미(personal meaning)면과 사회적인 의미(social meaning)를 포괄하는 것으로 개념화하고자 한다. 개인적인 의미 면에서는, 나에게 의미 있음, 탁월성, 자아성취, 자아성장을 포함한다. 개인적으로 성장하고 발전하는 것으로 지금의 나보다 나아지는 나를 얻기 위해 지속하는 삶을 의미한다. 사회적인 의미 면으로는 밖으로 의미 있음, 이타적 의미성, 이타성으로부터 얻는 보람, 성취, 흐뭇함 등을 포함한다. 나의 행위와 삶이 이웃과 사회에 기여하며 더 나은 세상을 만드는데 이바지하는 의미를 담고 있다. 유다이모니아는 행복의 연장과 확대에 관련된다. 나의 행복만으로 그쳤을 때보다는 우리가 행복하고 모두에게 도움이 되는 나의 행복일 때 더 진정성 있고 오래 지속되는 행복일 수 있다. 행복은 크게 헤도니아와 유다이모니아로 구성된다. 다음으로, 행복에 영향을 미치는 요인은 크게 세 가지로 구분할 수 있다.

첫째는 개인적 차원(Personal Trait)으로 타고난 개인적 특성을 의미한다. 유전적 특성으로서 성격, 정서, 성향(놀이성), 쾌락수준 등을 의미하며, 개인적으로 형성된 가치관, 태도 등을 포함한다. 개인적 차원은 같은 조건과 환경에서도 각각 다르게 행복의 정도를 규정할 수 있는 개별적 특성이다.

둘째는, 외적 사회 · 환경 차원(Social & Environment)으로 개인이 속한 문화, 국민소득, 사회 인프라, 개인 자유도, 문화자본, 사회자본, 가정환경, 정치 · 경제적 조건 등을 포함하는 외적 요인이다. 개인의 선택에 의한 것보다는 주어지거나 부여된 것으로 개인이 스스로 통제하기 어렵고, 쉽게 바뀌지 않는 객관적 환경까지를 포함한다.

셋째는 내적환경(Internal Environment) 차원이다. 셀리그만은 내적 환경을 개인이 통제할 수 있는 자율성이 있는 것으로, 과거에 대한 만족도, 미래에 대한 낙관주의, 현재에 대한 긍정적 정서로 설명하고 있다. 상향이론(botton-up) 측면에서 개인의 욕구나 의지를 실현하는 것도 포함할 수 있다. 일상의 스트레스를 해소하기 위해 여유로운 휴양지에서 휴가를 즐기거나, 모험관광을 통해 스릴과 자극을 충족하는 것은 스스로 선택하고 시도하여 행복을 추구하는 행위라고 할 수 있다.

3. 여행행복의 영향요인 관계(Influence factors on Travel Happines)

행복에 대한 일반적인 통합모형과 더불어 관광영역에서는 좀 더 분화되고 구체적인 행복모형이 필요하다. 선행연구들 역시 여행 행복에 영향을 미치는 요소는 다차원적으로 나타났다. 첫째, Voigt & Pforr(2014)는 개별적이고 주관적인 요소(여행자의 성찰, 기억, 감정적 각성, 실존적 진정성 등 내적 경험)뿐만 아니라 목적지 수준의 객관적인 요소(관광지 서비스 등)가 포함되어야 한다고 제안하였다(Neal *et al.*, 1999; 2007; Yu *et al.*, 2019). Wei *et al.*(2017)은 여행지 선정에 있어 인구통계학적 특성이나 경제적 · 시간적 제약과 같은 객관적 요인이 향후 행복감에 더 영향을 준다고 하였다. 또한 여행자의 인구통계적 특성의 조절효과도 여행행복에 미치는 영향이 있는 것으로 나타났다(McCabe *et al.*, 2010; McCabe & Johnson, 2013). 이 외에도 경제위기(global economic crisis), 문화적 거리(Cultural Distance)와 같은 거시적 외부환경 변수도 영향을 미친다.

둘째, 여행단계별 행복에 미치는 영향요인이 상이하게 나타났다. 여행 전, 여행 중, 여행 후 과정에서 개인의 심리적 특성, 관광지 환경, 혼합경험, 사회적 관계, 특정 활동, 거시적 환경에 따른 행복에 영향을 미치는 요인들을 규명하기 위한 연구들이 진행되었다. 기존 연구는 여행단계 중 '여행 중 경험'을 통해 행복을 측정하는 연구가 주를 이루고 있다.

구체적으로 살펴보면, 여행 전 행복에 영향을 미치는 요인으로 여행자의 행복 상태(웰빙 상태, 행복 정도 등), 여행자 성격(Big 5 trait, 가치 지향, 신기성 추구 성향), 사회 · 심리적 상태(지각된 가치, 기대감, 외로움, 소외감), 외부 요인(관광지 혼잡도, 영화와 광고), 혼합동기(자기효능 동기, 자아실현 동기, 사회적 동기, 휴식동기 등), 인구통계적 특성 등으로 나타났다.

여행행복에 영향을 미치는 여행 중 요인은 내적 지각(긍정 · 부정 영향, 관여, 플로우, 실존적 진정성, 장소애착, 스트레스, 부정적 감정경험 등), 관광지 환경(관광지 이미지, 서비스 품질, 자연환경, 운송 수단 등), 사회적 관계(가족관계, 배우자관계, 친인척관계, 대중의 시선, 다른 여행자와의 교류, SNS 공유, 공동창조 경험 등), 혼합경험(소비경험, 기억에 남는 경험, 웰니스 관광경험 등), 특정 여행활동(구매행위, 적극적 활동, 수동적 활동, hedonic activity, 자연관광 등)이 나타났다. 여행 후 활동은 공유 활동(SNS 및 인적 공유, 타인에 대한 염려, 자기 향상 욕구, 부정적 감정의 해소)과 여행 기억 회상하기 등이 행복에 영향을 미치는 것으로 나타났다.

이는 여행행복 관련 연구에서 여행특성을 고려한 연구 설계가 필요함을 시사한다. 특히, 여행의 복잡성에도 여행유형별(개별, 패키지), 연령별 특이점 등에 대해서 세부적으로 파악하고 있지 않다. 또한, 여행의 유형이나 특정한 측면에 따른 변화를 확인할 필요가 있다(McCabe *et al.*, 2010; Nawijn, 2011; Sedgley *et al.*, 2017; Saayman *et al.*, 2018). Kroesen & Handy(2014)는 같은 여행이라도 여행기간과 빈도를 고려하여 여행의 효과를 비교할 필요가 있다고 하였다. 주요 연구결과를 살펴보면, 노인, 장애인 등 특수계층을 대상으로 하는 경우 패키지 형태를 나타내고 있으며(Sangpikul, 2008; Pyke *et al.*, 2019;

Morgan *et al.*, 2015), 나머지 연구는 대부분 개별여행의 특성을 지니는 것으로 파악되고 있어 여행의 형태를 구분하는 것이 필요하다.

또한 여행유형(휴가, 가족여행, 웰니스관광, 복합리조트관광, 자연관광, 럭셔리관광, 스포츠관광, 식도락관광, 숙박관광, 에어비앤비 이용자 등)에 따른 행복측정이 필요하다. 선행연구에서는 여행유형을 휴가(Gilbert & Abdullah, 2004; Chen *et al.*, 2013; Kroesen & Handy, 2014; Bronner & de Hoog, 2016; 2017; Chen *et al.*, 2016; Sedgley *et al.*, 2017), 가족여행(Lehto *et al.*, 2009; Gram *et al.*, 2019), 자연관광(Bimonte & Faralla, 2015), 럭셔리관광(Iloranta, 2019), 크루즈관광(Lyuv, 2018), 스포츠관광(Bosnjak *et al.*, 2016), 등산관광(Lee *et al.*, 2018), 모험관광(Tsaur *et al.*, 2013)으로 분류하여 연구하였지만 연구 설계 시 여행유형에 따른 특성이 반영되어 있지 않으며, 이에 따른 행복도 비슷한 형태로 나타나고 있다.

여행기간을 구분해 주는 것 역시 필요하다. 국립공원 방문자들은 다방면에서 웰빙을 느끼는데, 당일 방문자보다 숙박한 사람들의 웰빙이 더 높게 나타났다(Puhakka *et al.*, 2017). Chen *et al.*(2016)은 여행기간이 길수록 회복경험을 통해 삶의 만족에 기여한다고 제안했지만, Nawijn(2010)은 긴 여행에 비해 짧은 여행이 긍정적 기분(mood)이 높게 측정된다고 주장하였다.

이에 본 연구에서는 다양한 연구를 종합하여 여행행복 통합모형을 제안하고자 한다. Hwang *et al.*(2019)은 여행에서 헤도닉과 유다이모닉 행복의 구별에 대한 연구가 필요하다고 제안하였으며, Smith & Diekman(2017) 역시 헤도닉과 유다이모닉의 통합적 모델을 제안하였다. 또한, Bimonte & Faralla(2012)는 행복과 삶의 질을 측정하는 요소들에 대한 통합적 접근이 필요하다고 제안하였다. Rama *et al.*(2013)은 여행의 행복순환모델 "tourism happiness loop"를 제시하며 여행 전 기대와 여행 중의 경험, 여행 후 회상 모두 긍정적인 감정을 불러일으키며 다음 여행에 대한 기대로 이어진다고 주장하였다. 이런 의견을 종합하여 다음 장에서는 여행행복통합모형을 제안하고자 한다.

4. 여행행복 진화모형(EV-TH: The Evolution Model of Travel Happiness)

여행경험의 시간적 흐름 및 시스템 차원(여행자 내적 경험, 관계적 경험, 관광지 환경, 거시적 환경)에서 행복에 영향을 주는 요인과 인지적 측면(삶의 만족), 정서적 측면(감정 영향)의 행복요인을 통합한 여행행복모형을 제안하는 바이다. 이것을 구체화 하면, 여행행복모형은 다음과 같이 정리될 수 있다.

여행행복모형은 '통합행복모형' 속에서 여행행복의 차원이 분화되어 구체화된 모형이다. 여행은 멈춰 있기보다는 시간의 흐름 속에서 여행과정 및 결과가 행복과 연관된다. 여행 전, 여행 중, 여행 후의 상황과 감정이 복합적으로 영향을 미치며 상호의존적으로 연결된다. 이전의 여행경험이 현재의 여행경험에 영향을 주며, 현재의 여행경험은 다음의 여행경험에 영향을 미친다. 따라서 여행행복은 여행 전, 여행 중, 여행 후를 고려하여 복합적 여행경험이 결합된 것이라 할 수 있다.

$$\mathrm{TH} = \alpha \mathrm{GH}((\beta_1 \mathit{Pre} - \mathit{TH}) + (\beta_2 \mathit{On} - \mathit{TH}) + (\beta_3 \mathit{Post} - \mathit{TH}) + \epsilon)$$

* TH(여행행복: Travel Happiness)
  Pre-TH(여행 전 행복), On-TH(여행 중 행복), Post-TH(여행 후 행복)

$$\mathrm{GH} = (\alpha_1 \mathrm{H} + \alpha_2 \mathrm{E})$$

* GH(행복: General Happiness)
  H: 헤도니아(Hedonia)
  E: 에우다이모니아(Eudaimonia)

* α, β: 가중치(Weight)
* ϵ: 오차

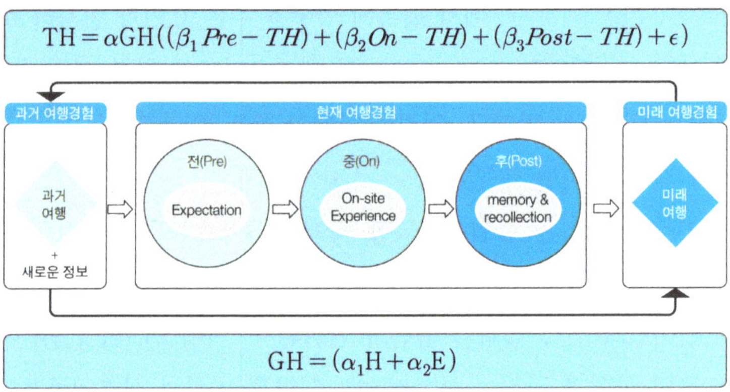

[그림 4-3] **여행행복모형**(The Model of Travel Happiness)

즉, 과거 여행경험은 새로운 정보지식과 결합하여 여행경험과 선호에 영향을 미친다. 이것은 여행지에서의 실제 여행경험을 형성하는데 일정한 영향관계를 형성한다. 여행지의 실제 여행경험 역시 여행 전, 중, 후의 과정을 거친다. 또한 현지의 여행에서 얻어진 경험은 이후 미래의 여행에도 영향을 미치게 된다.

실제 여행경험에서, 여행 전 구성요소(Pre-Travel Elements)는 여행 전에 형성되어 이후 여행에도 영향을 미치는 것으로 큰 틀에서는 사전 기대감(expectation)을 형성하는 것이다. 개인적 특성과 연관되며 두 요인으로 설명할 수 있다. 첫째, 여행 전 심리적 상태(Pre-Travel Psychological States)이다. 이는 내재된 개인 특성 또는 이전의 경험에 의해 형성되는 심리적 차원으로서 선호(preference)나 지각된 가치(perceived value) 등을 포함한다. 둘째, 동기 요소(Travel Motivation)로, 실제로 여행행동을 추동하는 요인이다. 일상생활에서 자극이 너무 높거나 너무 낮은 경우 여행을 통해 상대적 자극이나 적정 자극을 추구하는 동기를 갖게 되고(Iso-Ahola, 1990), 일상경험에서의 결핍이나 부족함을 여행을 통해 보상받으려는 행동을 추구하거나 또는 지금보다 더 나은 상태를 추구하는 경향을 포함한다. 동기요소는 신기성 추구, 자기효능, 자아실현, 사회적 동기, 휴식 동기 등을 의미한다.

여행 중 구성요소(On-Travel)는 실제 관광지 현장에서 여행행동과 경험을 통해 얻게 되는 행복이다. 현장에서의 실제경험으로 진정성을 체험하는 가장 주요한 경험이다. 이는, 핵심적 두 요인과 세 개의 영향요인으로 구성할 수 있다. 먼저 통합행복모형의 핵심적 두 요인으로 헤도니아(Hedonia)와 유다이모니아(Eudaimonia)가 있다. 첫째, 여행 헤도닉 경험(Travel Hedonic Experiences)이다. 헤도닉 차원의 경험은 관광지의 관광활동 과정 속에서 얻어지거나 형성되는 것을 의미하며, 여행에서의 재미, 쾌락, 유흥, 진정성, 신기성, 우연성, 불확실성, 장소애착, 스트레스, 플로우, 관여 등의 경험을 포괄하는 요인이다. 둘째, 여행 유다이모닉 경험(Travel Eudaimonic Experiences)이다. 일반적으로 유다이모니아 차원의 경험이 관광지의 관광활동 과정 속에서 얻어지거나 또는 형성되는 것을 의미한다. 이는 내적 의미와 외적 의미를 포함하는 것으로 자아실현, 자아성장 등 전환관광의 의미와 이타적 경험(봉사관광 등의 경험) 등을 포함한다.

나머지 세가지 영향요인은 여행 중(On-Travel) 구성요소에서 사회·환경적 차원(Social Environments)과 연관되는 요인이다. 구체적으로는 첫째, 여행서비스 경험(Travel Service)이다. 여행 중에 관광자는 숙박, 교통, 음식 수준(맛집), 쇼핑 등 관광공급자와 접하게 되고 다양한 서비스를 제공받는다. 관광서비스는 무형성, 가변성, 비분리성, 소멸성 등의 특성을 지니고 있다. 여행 중 인적 서비스와 물적 서비스 등의 다양한 서비스는 실제 관광자의 만족과 불만족에 영향을 미치며 여행 전반의 행복과도 연관된다. 진정성이 느껴지는 인상 깊은 서비스는 여행객에게 오랫동안 기억되며, 스토리텔링으로 다른 사람과 공유되고, 그 서비스를 받았던 장소와 국가에 대한 긍정적 기억과 애착까지 형성할 수 있어 여행행복에 영향을 미친다.

둘째, 여행 사회적 교류경험(Travel Social Relationship)이다. 여행 중 관광자는 여행 동반자와 공감하며, 여행지 지역주민과의 사회적 교류를 한다. 또한, 여행지 내 대중의 시선을 접하게 되고, 다른 여행자와도 교류와 교감을 형성한다. 사회적 교류를 통한 교감과 공감 형성, 사회적 환대감은 여행경험을 긍정적이거나 부정적이게 만들기도 한다. 여행 동안 사회적 교류를 통해 마음이 맞고 교감하며 소통하는 정도에 따라 여행과정은 즐거울 수도 있고, 갈등으로 괴로운 여정이 될 수도 있다. 이것은 여행의 만족도와 행복감에 영향을 미친다. 특히, 여행지에서 접촉하는 현지인의 환대정도와 태도는 여행의 질과 경험에 영향을 미치고, 여행 후의 기억에도 긍정적 또는 부정적 영향을 미치게 된다.

셋째, 여행 인프라 환경(Travel Infrastructure) 요인이다. 여행 인프라 환경은 관광객을 수용하는 여행지의 물리적 환경을 중심으로, 사회 인프라, 환경 인프라, 시설 인프라, 안전 인프라 등으로 구성되어 있다. 특히, 여행 인프라 환경은 안전이나 위생과 같은 기본 인프라와 교통, 통신, 인터넷 등의 접근인프라, 여행의 질을 높여주는 편리함, 신속함, 안락함, 언어소통의 제공, 미적 체험, 교육 체험, 오락 체험, 일탈적 체험 등의 여행 체험의 질을 높여주는 부가가치 인프라 등을 포함한다. 관광지 환경에 대한 태도와 평가는 여행의 동기, 여행유형, 여행경험 수준에 따라 차이가 날 수 있다. 예를 들어, 생태관광 중 야생지역에서 현지인처럼 여행하는 사람들에게는 안락한 숙박이나 편리한 교통수단이 큰 의미를 갖지 못한다. 하지만 생태관광지가 혼잡하거나 기대와 달리 환경이 파괴

되어 있을 때 여행만족도는 낮아질 것이다. 모험관광 참여자의 경우 위험을 감수하는 활동적인 여행 활동을 선호하지만, 생명과 같은 치명적인 안전을 보호하는 인프라가 갖추어져 있지 않는다면 불안과 혼란을 느끼게 될 것이다.

마지막으로 여행 후 구성요소(Post-Travel)는 관광지를 떠나 일상으로 돌아오는 과정이나 돌아온 후 관광경험을 기억하거나 추억을 공유하면서 얻게 되는 행복요인이다. 여행 후 구성요소는 여행경험과 여행행복을 유지하거나 연장하는 효과를 가지고 있다. 구체적인 요인은 첫째, 회상요인(Travel Recollection)이다. 회상은 기억에 저장되어 있는 것을 끄집어내는 것을 의미한다. 기억은 기명, 유지, 상기, 재인, 회상 등의 다양한 과정을 포함한다(간호학대사전, 1996).

특히, 자서전적 기억(autobiographical memory)은 경험했던 사실에 개인의 감정과 생각이 반영되어 장기기억으로 저장된 것으로, 이것이 회상되면서 경험에 대한 긍정적 그리움의 감정을 일으킨다. 대표적으로 노스텔지아(nostalgia)는 시간의 흐름 속에서 부정적인 감정은 걸러내고, 실제보다 나았던 경험으로 기억을 왜곡시킴으로써 긍정적 회상을 자아낸다(황수지 · 현성협, 2018).

여행회상은 다양한 수단을 통해 자극받는데, 대표적인 것이 사진, 여행일지, 기념품이다. 휴대폰의 사진기능이 급속도로 향상되면서 여행지에서 품질 좋은 사진을 쉽게 찍고, 여행경험을 기억할 수 있게 된다. 여행지에서 멋진 사진을 남기기 위해 의상을 준비하고, 사진 포즈와 동작을 반복하여 사진을 남기는 것은 회상을 위한 가장 효과적인 방식이다. 여행 중에 쓴 여행일지나 수필을 다시 읽거나 여행 후에 여행을 회상하며 글을 쓰는 것도 그 때의 경험으로 돌아가 행복감을 느끼는 대표적인 행동이다. 여행지의 기념품과 상징물 역시 여행 중 경험을 다시 떠올리게 하는 좋은 수단이다. 여행지별로 다른 기념품은 여행의 추억이 다르게 느껴지게 만들고, 여행 중 겪었던 경험을 다시 회상하게 만드는 효과가 있다.

둘째, 사회적 공유와 지지(Travel Social Sharing or Support)이다. 여행경험과 여행행복이 유지 또는 확장되는 방식으로, 이는 직접 대면 또는 소셜미디어 등의 비대면 방식으로 여행경험이 공유되고 사회적으로 지지를 받으면서 얻게 되는 행복요인이다. 여행경험을 혼자서 간직할 때보다, 타인에게 공유되고 공유된 경험이 자랑거리가 되거나 사회적으로 인정받는 경우 관련 여행경험은 더 긍정적이고 만족스럽게 느껴지게 된다. 여행 중 겪었던 긍정적 경험뿐만 아니라 부정적 상황을 극복했던 여행담 등 모든 여행경험은 사회적 공유와 지지를 위한 소재가 되며, 이 소재를 바탕으로 여행경험은 스토리텔링화가 된다.

일부 여행경험은 소셜미디어를 통해 여행 중에도 공유되고 지지를 받는다. 여행경험 공유가 지지받는 것은 사회적 욕구로서 매슬로(A. Maslow)의 욕구단계 이론 중 소속과 사랑의 욕구, 존중의 욕구와도 관련된다. 여행을 통한 사회적 공유와 지지는, 여행을 통해 진정한 나에 집중하고 나의 경험을 공유함으로써 나를 표현하며, 나를 전달하고, 영향을 미치는 과정에서 여행을 기억하고 여행행복을 연장시키게 된다.

한편 소셜미디어를 통한 과장된 자랑과 사회적지지 욕구는 베블렌(Veblen, T.)의 과시적 여가로 설명될 수도 있으며, 되고 싶은 나 또는 또 다른 나의 페르소나를 만드는 작업일 수 있다. 예를 들어 여행지 내 최고급 호텔 숙박 사진, 위험한 절벽에서 모험을 즐기는 듯 보이는 사진 등 소셜미디어에 보여주기 위한 것들이 포함된다. 나의 존재를 드러내고 인정받고 싶은 과장된 욕구로 행해지는 경험은 오히려 여행의 진정성을 확장하지 못하고 왜곡시켜 여행행복을 저해할 수도 있다.

여행행복 진화모형에서 경험의 구성요인을 측정하는 차원에서 더 구체적으로 세분화하면 여행 전, 중, 후 경험의 결과와 영향요인으로 다시 구분할 수 있다. 예를 들어 여행 전, 사전 정보와 정보습득 수준 또는 이전 여행경험 등은 영향요인으로 결과 변수인 기대감과 여행동기에 영향을 미친다. 여행 중, 서비스, 사회적 교류와 여행지 인프라 등은 영향요인으로 관광지에서의 환대감, 긍정적·부정적 감정, 안전감, 혼잡도 등 결과요인에 영향을 준다. 여행 후, 영향요인인 소셜미디어 사용정도와 여행경험의 공유방식 등은 결과요인인 회상을 통한 추억과 즐거움, 사회적 소속감이나 연대감 등에 영향을 미친다. 또한 여행행복 진화모형의 구성요소 중 인지적 요소인 종합적인 평가는 만족도로 표현될 수도 있다. 관련 모형에서 여행행복은 인지적 만족도와 함께 감정적 요소를 포괄하는 통합개념으로 규정하고자 한다.

이처럼 여행행복은 다양하고 복합적인 영향을 받는다. 향후 여행행복을 규명하고 관련된 이론 체계를 확대하기 위해서는 개인이나 개별 요인뿐만 아니라 여행의 상황적 요인, 그리고 여행행동과 상품의 유형(방문빈도, 체류기간, 상품유형 등) 등도 고려되어야 한다. 이밖에 국내여행과 해외여행의 만족도/행복도 차이, 국가 또는 문화권별 차이 분석를 통한 다각적인 이해가 필요하다. 또한 여행행복을 분석하기 위한 방법론 측면에서도 여행의 다차원 특성을 고려하여 행복의 항상성과 변화성을 반영할 수 있는 종단연구, 장기연구, 실험연구 등의 새로운 방법론을 적용하는 것이 필요하다.

참고문헌

1. 국내문헌

〈논문〉

고은지 · 김명일 · 김종석 · 박민정 · 박준희(2017). 여행 계획 세우기가 행복에 미치는 영향. 『한국심리학회 학술대회 자료집』, 440-440.

고동완(2016). 지속가능한 여가관광 공간의 개발. 『한국관광정책』, (66), 28-33.

고동우(2018). 여행경력이 여행자 태도와 심리적 역량에 미치는 효과. 『관광학연구』, 42(7), 233-253.

고동우(2019). 여행경력 수준에 따른 행동양식의 변화-재미진화모형의 적용. 『관광학연구』, 3(8), 159-181.

권석만. (2008). 왜 긍정의 힘에 관심을 가져야하는가? 『한국인간발달학회 학술대회지』, 1-13.

권장욱 · 이훈(2016a). 여행자의 행복감은 어떻게 지속되는가? -쾌락적응의 관점에서 본 여행의 의미. 『관광학연구』, 40(5), 165-182.

권장욱 · 이훈(2016b). 행복감이 오래 지속되는 여행체험 분석. 『관광연구논총』, 28(4), 171-192.

김동섭(2015). 노르망 방언이 미친 언어학적 영향들에 대한 연구. 『프랑스문화예술연구』, 51, 1-30.

김동연 · 윤지환(2013). 해외여행경험이 많은 사람들의 여행 동기 연구-포커스 그룹 인터뷰 방법을 이용하여. 『관광학연구』, 37(10), 33-52.

김명소 · 김혜원(2000). 우리나라 기혼여성들의 심리적 안녕감의 구조분석 및 주관적 안녕감과의 관계분석. 『한국심리학회지: 여성』, 5(1), 27-41.

김명소 · 김혜원 · 차경호(2001). 심리적 안녕감의 구성개념분석. 『한국심리학회지: 사회 및 성격』, 15(2), 19-39.

김미량(2009). 진지한 여가 척도 개발. 『한국체육학회지』, 48(4), 397-408.

김수진 · 김보영(2016). 긍정심리프로그램이 간호대학생의 긍정사고, 자아탄력성 및 스트레스 대처에 미치는 효과. 『한국간호교육학회지』, 22(4), 495-503.

김영국 · 서보원 · 안태홍(2011). 향토음식 소비동기에 따른 시장세분화에 관한 연구-영국인 관광객을 대상으로. 『관광학연구』, 35(5), 373-391.

김원 · 우종민 · 채정호(2005). 정신과에서 심박 변이도(Heart Rate Variability)의 이용. 『신경정신의학』, 44(2), 176-184.

김정훈(2012). 『레일크루즈 관광객의 여행경험수준이 신기성경험과 관광동기와 고객만족 및 충성도에 미치는 영향』. 국내석사학위논문 세종대학교 관광대학원. 서울.

박범진(2008). 숲 속에서의 경관감상이 인체에 미치는 생리적 영향: 일본 아츠키시의 현장 실험결과. 『한국산림과학회지』, 97(6), 634-640.

박정희 · 심혜숙(2007). 청소년의 심리적 안녕감 척도 개발, 『아시아교육연구』, 8(4), 111-135.

서용석 · 이훈(2013). 진지성 여가이론으로 본 일상 속 식도락과 관광. 『관광학연구』, 37(3), 289-308.

송기문(2018). 『여행상품 유통채널 인식이 채널만족, 채널신뢰 및 채널충성도에 미치는 영향』. 국내박사학위논문 경기대학교 대학원. 경기도.

송화성(2015). 여행경력패턴(Travel Career Pattern)에 따른 수원 관광객의 유형과 특성-잠재프로파일 분석(Latent Profile Analysis)을 적용하여. 『관광학연구』, 39(9), 149-166.

심교린 · 김완석(2019). 한국판 플로리시 척도 (K-PERMA) 타당화 연구. 『한국예술심리치료학회』, 15(4), 319-340.

이봉구(2014). 여행경력에 따른 장애인의 의사결정에 있어 관광동기의 역할 차이 고찰. 『관광학연구』, 38(5), 229-252.

이상훈 · 고동완(2012). 해외 개별자유여행객의 여행동기: 여행횟수에 따른 여행동기의 차이 분석. 『관광학연구』, 36(2), 201-22.

이영진 · 이훈(2010). 해양 레저관광행동의 쾌락성 (hedonic) 과 유용성 (utilitarian) 측정지표 개발. 『관광학연구』, 34(1), 95-114.

이용주 · 신창섭(2015). 숲 걷기 명상이 중년 여성의 감정 상태 및 자기자각에 미치는 영향. 『한국산림휴양학회지』, 19(3), 19-25.

이정순 · 전원배(2005). 관광활동, 여가만족, 심리적 웰빙, 주관적 웰빙의 관계, 『관광학연구』, 28(4), 149-172.

이훈(2005). 왜 지역축제에 참가하지 않는가? : 비참여자의 장소애착도와 여가제약이론을 중심으로. 소비문화연구 8(1), 31-47.

이훈(2010). 모두가 행복한 관광 Tourism for All. 한국관광정책(41), 8-17.

이훈 · 김미정(2011). 한국 축제사-근현대사를 중심으로. 『관광학연구』, 35(10), 481-499.

임영진(2012). 한국판 삶의 만족도 척도의 신뢰도와 타당도: 경찰공무원, 대학생, 청소년을 대상으로. 『한국심리학회지: 일반』, 31(3), 877-896.

임지현 · 이계희(2010). 여행경력프로필(Travel Career Profile)에 따른 한국과 일본 여성관광객의 추구편익 비교 연구. 『관광연구』, 25(3), 39-60.

임영진 · 고영건 · 신희천 · 조용래(2012). 정신적 웰빙 척도(MHC-SF)의 한국어판 타당화 연구. 『한국심리학회지: 일반』, 21(2), 369-386.

장재영(2013). 텍스트 마이닝을 위한 그래프 기반 텍스트 표현 모델의 연구 동향. 『한국인터넷방송통신학회 논문지(한국인터넷방송통신학회)』, 13(5), 37-47.

정란수 · 이훈 · 이인재(2007). 여가제약모형의 비판적 재구성: 사회 구조와 행위의 통합적 접근. 『관광학연구』 31(1), 55-75.

정해식 · 김성아(2015). OECD BLI 지표를 통해 본 한국의 삶의 질. 『보건복지포럼』, 2015(9), 75-88.

추병완(2013). 긍정심리학의 덕 가설에 대한 비판적 평가. 『도덕윤리과교육연구』, (39), 1-25.

최윤정 · 권상희(2014). '빅데이터'관련 신문기사의 의미연결망 분석. 『사이버커뮤니케이션학보』, 31(1), 241-286.

탁계관(2009). 『대인관계 스트레스가 직무만족에 미치는 영향에 관한 연구』. 국내박사학위논문 한양대학교 대학원. 서울.

현성협 · 이광호(2015). 컨벤션센터 모바일 관광정보 사용에 있어 기대일치가 사용자만족과 구전의도에 미치는 영향에 관한 연구: 확장된 기대일치모델의 적용, 『관광연구』, 30(1), 105-123.

황수지 · 현성협(2018). 기억이론의 확장을 통한 크루즈 승객들의 사서전적 기억 유발기제도출에 관한 연구: 희소성 이론의 학제 간 접근을 중심으로. 『호텔경영학연구』, 27(2).

황영주 · 이훈(2022). 여행경력재개념화에 관한 연구: 레크리에이션전문화 이론을 중심으로. 『관광학연구』, 46(4), 127-152.

〈도서 및 보고서〉

경기관광공사(2020). 「문턱 없는 경기관광 종합 로드맵」. 경기: 경기관광공사.

고동우(2013). 『관광심리학』. 서울: 대왕사.

대니얼 네틀(2012). 『행복한 사람의 DNA는 어떻게 다른가?: 진화심리학. 뇌과학, 행복의 비밀을 풀다』. (김상우, 역). 서울: 와이즈북. (원본 출판 2005년).

대한간호학회(1996). 『간호학대사전』. 경기: 한국사전연구사.

서울특별시(2019). 「관광약자 관광활동 실태조사」. 서울: 서울특별시.

안희자(2015). 「관광 창업기업 육성 방안」. 서울: 한국문화관광연구원.

우문식(2016). 『긍정심리학은 기회다』. 한국긍정심리연구소. 서울: 물푸레.

이상열 · 이원희(2013). 「문화 · 관광의 융합 활성화를 위한 정책협력방안 연구」. 서울: 한국문화관광연구원.

이연택(2015). 『관광학』. 서울: 백산출판사.

임정환(2017). 『행복으로 보는 서양철학』. 서울: 씨아이알.

최인수 · 윤덕환 · 채선애 · 송으뜸(2015). 『2016 대한민국 트렌드』. 서울: 한국경제신문사.

한국관광학회(2012). 『관광학총론』. 서울: 백산출판사.

한국관광학회(2012). 『한국현대관광사』. 서울: 백산출판사.

한국문화관광연구원(2017). 「2016 국민여행 실태조사」. 서울: 한국문화관광연구원.

한국보건사회연구원(2017). 「행복지수 개발에 관한 연구」. 서울: 한국보건사회연구원.

2. 국외문헌

〈논문〉

Abbe, A., Tkach, C., & Lyubomirsky, S. (2003). The art of living by dispositionally happy people. *Journal of Happiness Studies*, 4(4), 385-404.

Ahn, Y-J., Kim, I., & Huyn, S.S. (2015). Critical in-flight and ground-service factors influencing brand prestige and relationships between brand prestige, well-being perceptions, and brand loyalty: First-Class passengers. *Journal of Travel & Tourism Marketing*, 32(1), 114-138.

Alicke, M. D., Klotz, M. L., Breitenbecher, D. L., Yurak, T. J., & Vredenburg, D. S. (1995). Personal contact, individuation, and the better-than-average effect. *Journal of personality and social psychology*, 68(5), 804.

Allen, L. R., & Beattie, R. J. (1984). The role of leisure as an indictor of overall satisfaction with community life. *Journal of Leisure Research*, 16(2), 99-109.

Andrews F. M. & Withey, S. B.(1974). Developing Measures of Perceived Life Quality: Results from Several National Surveys, *Social Indicators Research*, 1, 1-26.

Ashton, A. S. (2018). Spiritual retreat tourism development in the Asia Pacific region: Investigating the impact of tourist satisfaction and intention to revisit: A Chiang Mai, Thailand case study. *Asia Pacific Journal of Tourism Research*, 23(11), 1098-1114.

Bae, S. Y., Lee, C. K., & Chick, G. (2019). A multicultural retreat in exotic serenity: interpreting temple stay experience using the Mandala of Health model. *Asia Pacific Journal of Tourism Research*, 24(8), 789-804.

Bai, X., Hung, K., & Lai, D. W. (2017). The role of travel in enhancing life satisfaction among Chinese older adults in Hong Kong. *Ageing & Society*, 37(9), 1824-1848.

Bandura, A. (1977). Self-efficacy: toward a unifying theory of behavioral change. *Psychological review*, 84(2), 191.

Bauer, J. J., McAdams, D. P., & Pals, J. L. (2008). Narrative identity and eudaimonic well-being. *Journal of happiness studies*, 9(1), 81-104.

Bimonte, S., & Faralla, V. (2012). Tourist types and happiness a comparative study in Maremma, Italy. *Annals of Tourism Research*, 39(4), 1929-1950.

Bimonte, S., & Faralla, V. (2015). Happiness and outdoor vacations Experiencing or possessing nature?. *Journal of Travel Research*, 54(2), 179-192.

Biswas-Diener, R., Vitterso, J., & Diener, E. (2005). Most people are pretty happy, but there is cultural variation: The Inughuit, the Amish, and the Maasai. *Journal of happiness studies*, 6(3), 205-226.

Bjornskov, C. (2010). How comparable are the Gallup World Poll life satisfaction data? *Journal of happiness Studies*, 11(1), 41-60.

Blase, K. L., Van Dijke, A., Cluitmans, P. J., & Vermetten, E. (2016). Efficacy of HRV-biofeedback as additional treatment of depression and PTSD. *Tijdschrift voor Psychiatrie*, 58(4), 292-300.

Bosnjak, M., Brown, C. A., Lee, D. J., Yu, G. B., & Sirgy, M. J. (2016). Self-expressiveness in sport tourism: Determinants and consequences.

Journal of Travel Research, 55(1), 125-134.

Bronner, F., & de Hoog, R. (2016). Crisis resistance of tourist demand: the importance of quality of life. *Journal of travel research*, 55(2), 190-204.

Bronner, F., & de Hoog, R. (2017). Tourist demand reactions: Symmetric or asymmetric across the business cycle?. *Journal of Travel Research*, 56(7), 839-853.

Bubolz, M., Eicher, J., Evers, S., & Sontag, M.(1980). A human ecological approach to quality of life: Conceptual framework and results of a preliminary study, *Social Indicators Research*, 7(1), 103-136.

Butler, J. & Kern, M. L. (2016). The PERMA-Profiler: A brief multidimensional measure of flourishing. *International Journal of Wellbeing*, 6(3), 1-48.

Chang, C. C., Cheng, G. J. Y., Nghiem, T. P. L., Song, X. P., Oh, R. R. Y., Richards, D. R., & Carrasco, L. R. (2020). Social media, nature, and life satisfaction: global evidence of the biophilia hypothesis. *Scientific reports*, 10(1), 1-8.

Chen, C. C., Huang, W. J., & Petrick, J. F. (2016). Holiday recovery experiences, tourism satisfaction and life satisfaction - Is there a relationship?. *Tourism Management*, 53, 140-147.

Chen, C.C., Petrick, J.F., & Shahvali, M. (2016). Tourism experiences as a stress reliever: Examining the effects of tourism recovery experiences on life satisfaction. *Journal of Travel Research*. 55(2), 150-160.

Chen, C. C., & Yoon, S. (2019). Tourism as a pathway to the good life:

Comparing the top-down and bottom-up effects. *Journal of Travel Research*, 58(5), 866-876.

Chen, H. S., Tsai, B. K., Liou, G. B., & Hsieh, C. M. (2018). Efficiency assessment of inbound tourist service using data envelopment analysis. *Sustainability*, 10(6), 1866.

Chen, Y., Lehto, X.Y., & Cai, L. (2013). Vacation and well-being: A study of Chinese tourists. *Annals of Tourism Research*, 42, 284-310.

Chen, Y. & Li, X. (2018). Does a happy destination bring you happiness? Evidence from Swiss inbound tourism. *Tourism Management*, 65, 256-266.

Chick, G., & Dong, E. (2003). Possibility of refining the hierarchical model of leisure constraints through cross-cultural research. *Proceedings of the 2003 Northeastern recreation research symposium* (pp. 338-344). Newtown Square, PA: US Department of Agriculture, Forest Service, Northeastern Research Station.

Cobb, S. (1976). Social support as a moderator of life stress. *Psychosomatic medicine*.

Cottam, H. R. & Mangus A. R.(1942), Standard of living: an empirical test of a definition, *Rural Sociology*, 7(4), 395–403.

Crawford, D. W., & Godbey, G. (1987). Reconceptualizing barriers to family leisure. Leisure sciences, 9(2), 119-127.

Crawford, D. W., Jackson, E. L., & Godbey, G. (1991). A hierarchical model of leisure constraints. *Leisure sciences*, 13(4), 309-320.

Croes, R. (2016). Connecting tourism development with small island destinations and with the well-being of the island residents. *Journal of Destination Merketing & Management*, 5(1), 1-4.

Curtin, S. (2009). Wildlife tourism: The intangible, psychological benefits of human-wildlife encounters. *Current Issues in Tourism*, 12(5-6), 451-474.

Deci, E. L., & Ryan, R. M. (2008). Hedonia, Eudaimonia, and Well-being: An introduction, *Journal of Happiness Studies*, 9(1), 1-11.

De Bloom, J., Nawijn, J., Geurts, S., Kinnunen, U., & Korpela, K. (2017). Holiday travel, staycations, and subjective well-being. *Journal of Sustainable Tourism*, 25(4), 573-588.

Den Hoed, W. (2020). Where everyday mobility meets tourism: An age-friendly perspective on cycling in the Netherlands and the UK. *Journal of Sustainable Tourism*, 28(2), 185-203.

Diener, E. (1984). Subjective well-being. *Psychological Bulletin*, 95(3), 542–575.

Diener, E. (2000). Subjective well-being: The science of happiness and a proposal for a national index. *American psychologist*, 55(1), 34.

Diener, E. (2009). Subjective well-being. *The science of well-being*, 11-58.

Diener, E., Emmons, R. A., Larsen, R. J., & Griffin, S. (1985). The Satisfaction with Life Scale. *Journal of Personality Assessment*, 49, 71-75.

Diener, E., Horwitz, J., & Emmons, R. A. (1985). Happiness of the very wealthy. *Social indicators research*, 16(3), 263-274.

Diener, E., Larsen, R. J., & Emmons, R. A. (1984). Bias in mood recall in happy and unhappy persons. 92nd Annual Convention of the

American Psychological Association, Toronto, Ontario, Canada.

Diener, E., & Lucas, R. E. (1999). 11 personality and subjective well-being. *Well-being: Foundations of hedonic psychology*, 213.

Diener, E., Lucas, R.E., & Scollon, C.N. (2006). Beyond the hedonic treadmil: Revising the adaptation theory of well-being. *American Psychologist*, 61(4), 305-314.

Diener, E., Suh, E. M., Lucas, R. E., & Smith, H. L. (1999). Subjective well-being: Three decades of progress. *Psychological bulletin*, 125(2), 276.

Diener, E., Wirtz, D., Tov, W., Kim-Prieto, C., Choi, D., Oishi, S., & Biswas-Diener, R. (2009). New measures of well-being: Flourishing and positive and negative feelings. *Social Indicators Research*, 39, 247-266.

Dishman, R. K., Nakamura, Y., Garcia, M. E., Thompson, R. W., Dunn, A. L., & Blair, S. N. (2000). Heart rate variability, trait anxiety, and perceived stress among physically fit men and women. *International journal of psychophysiology*, 37(2), 121-133.

Dodge, R., Daly, A.P., Huyton, J., & Sanders, L.D. (2012). The challenge of defining wellbeing. *International Journal of Wellbeing*, 2(3), 222-235.

Easterlin, R. A. (2004). The economics of happiness. *Daedalus*, 133(2), 26-33.

Easterlin, R. A. (2010). Happiness, growth and the life cycle. *Europe Journal of Psychology*, 7(2), 395-398.

Emmons, R. A., & Diener, E. (1985). Personality correlates of subjective well-being. *Personality and Social Psychology Bulletin*, 11(1), 89-97.

Fabes, R. A., Eisenberg, N., & Eisenbud, L. (1993). Behavioral and physiological correlates of children's reactions to others in distress. *Developmental psychology*, 29(4), 655.

Ferrer, J. G., Sanz, M. F., Ferrandis, E. D., McCabe, S., & García, J. S. (2016). Social tourism and healthy ageing. *International Journal of Tourism Research*, 18(4), 297-307.

Filep, S., & Deery, M. (2010). Towards a picture of tourists' happiness. *Tourism Analysis*, 15(4), 399-410.

Filep, S., & Greenacre, L. (2007). Evaluating and extending the travel career patterns model. *Tourism: An International Interdisciplinary Journal*, 55(1), 23-38.

Filep, S., Macnaughton, J., & Glover, T. (2017). Tourism and gratitude: Valuing acts of kindness. *Annals of Tourism Research*, 66, 26-36.

Floros, C., Cai, W., McKenna, B., & Ajeeb, D. (2021). Imagine being off-the-grid: millennials' perceptions of digital-free travel. *Journal of Sustainable Tourism*, 29(5), 751-766.

Frederick, S., & Loewenstein, G. (1999). Hedonic adaptation, In Kahneman, D., Diener & Schwarz, N. (Eds.), Well-being: The foundations of hedonic psychology. NY: Russell Sage, 302-329.

Fritz, C., & Sonnentag, S. (2006). Recovery, well-being, and performance-related outcomes: the role of workload and vacation experiences. *Journal of Applied Psychology*, 91(4), 936.

Galinha, I. C. C., & Pais-Ribeiro, J. L. (2008). The structure and stability of subjective well-being: A structure equation modelling analysis. *Applied Research in Quality of Life*, 3(4), 293-314.

Ganglmair-Wooliscroft, A., & Wooliscroft, B.(2016). Ethical holiday behavior, Wellbeing and orientation to happiness, *Applied Research in Quality of life*, 11, 83-103.

Gao, J., Kerstetter, D.L., Mowen, A. J., & Hickerson, B. (2018). Changes in tourists' perception of well-being based on their use of emotion regulation strategies during vacation. *Journal of Travel & Tourism Marketing*, 35(5), 567-582.

Geisler, F. C., Vennewald, N., Kubiak, T., & Weber, H. (2010). The impact of heart rate variability on subjective well-being is mediated by emotion regulation. *Personality and individual differences*, 49(7), 723-728.

Genç, R.(2012). Subjective aspects of tourists' quality-of-life (QOL), In *Handbook of tourism and quality-of-life research: Enhancing the lives of tourists and residents of host communities*, 149-167.

Gerson, E. M.(1976). On "Quality of Life", *American Sociological Review*, 41(5), 793-806.

Gilbert, D., & Abdullah, J. (2002). A study of the impact of the expectation of a holiday on an individual's sense of well-being. *Journal of Vacation Marketing*, 8(4), 352-361.

Gilbert, D. & Abdullah, J. (2004). Holidaytaking and the sense of well-being. *Annals of Tourism Research*, 31(1), 103-121.

Goodman, F. R., Disabato, D. J., Kashdan, T. B., & Kauffman, S. B. (2018). Measuring well-being: A comparison of subjective well-being and PERMA, *The Journal of Positive Psychology*, 13(4), 321-332.

Gram, M., O'Donohoe, S., Schänzel, H., Marchant, C., & Kastarinen, A. (2019). Fun time, finite time: Temporal and emotional dimensions of grandtravel experiences. *Annals of Tourism Research*, 79, 102769.

Hadaway, C. K., & Roof, W. C.(1978). Religious commitment and the quality of life in American society, *Review of religious research*, 19(3), 295-307.

Heller, A. S., Shi, T. C., Ezie, C. E., Reneau, T. R., Baez, L. M., Gibbons, C. J., & Hartley, C. A. (2020). Association between real-world experiential diversity and positive affect relates to hippocampal–striatal functional connectivity. *Nature neuroscience*, 23(7), 800-804.

Holm, M., Lugosi, P., Croes, R., & Torres, E.N. (2017). Risk-tourism, risk-taking and subjective well-being: A review and synthesis. *Tourism Management*, 63, 115-122.

Huppert, F. A., & So, T. (2009). What percentage of people in Europe are flourishing and what characterises them. *IX ISQOLS Conference* (pp. 1-7).

Huta, V. & Ryan, R. M. (2010). Pursuing Pleasure or Virtue: The differential and overlapping well-being, benefits of hedonic and eudaimonic motives. *Journal of happiness studies*, 11(6), 735-762.

Huta, V. & Waterman, A. S. (2014). Eudaimonia and its distinction from hedonia: Developing a classification and terminology for understandign conceptual and operational definitions. *Journal of happiness studies*, 15(6), 1424-1456.

Hwang, E., Kim, J., Lee, J.C., & Kim, S. (2019). To do or to have, now or later, in travel: Consumption order preference of material and experiential travel activities. *Journal of travel research*, 58(6), 961-976.

Hwang, J., & Lee, K.-W. (2018). The antecedents and consequences of golf tournament spectators' memorable brand experiences. *Journal of Destination Marketing & Management*, 9, 1-11.

Hyman Jr, I. E., & Loftus, E. F. (1998). Errors in autobiographical memory. *Clinical psychology review*, 18(8), 933-947.

Iloranta, R. (2019). Luxury tourism service provision – Lessons from the industry. *Tourism Management Perspectives*, 32, 1-10.

Iso-Ahola, S. E., & Mannell, R. C. (1985). Social and psychological constraints on leisure. *Social and psychological constraints on leisure*, 111-151.

Jackson, E. L. (1988). Leisure constraints: A survey of past research. *Leisure sciences*, 10(3), 203-215.

Jackson, E. L., Crawford, D. W., & Godbey, G. (1993). Negotiation of leisure constraints. *Leisure sciences*, 15(1), 1-11.

Jang, S., Bai, B., Hu, C., & Wu, C.-M. E. (2009). Affect, travel motivation, and travel intention: A senior market. *Journal of Hospitality & Tourism Research*, 33(1), 51-73.

Jovanović, V. (2015). Beyond the PANAS: Incremental validity of the Scale of Positive and Negative Experience (SPANE) in relation to well-being, *Personality and Individual Differences*, 86, 487-491.

Jung, Y., Pawlowski, S. D., & Kim, H. W. (2017). Exploring associations between young adults' Facebook use and psychological well-being: A goal hierarchy approach. *International Journal of Information Management*, 37(1), 1391-1404.

Kahneman, D., & Riis, J. (2005). Living, and thinking about it: Two perspectives on life. *The science of well-being*, 1, 285-304.

Kahneman, D., Krueger, A. B., Schkade, D. A., Schwarz, N., & Stone, A. A. (2004). A survey method for characterizing daily life experience: The day reconstruction method. *Science*, 306(5702), 1776-1780.

Kawakubo, A., Kasuga, M., & Oguchi, T. (2017). Effects of a short-stay vacation on the mental health of Japanese employees. *Asia Pacific Journal of Tourism Research*, 22(5), 565-578.

Kay, T., & Jackson, G. (1991). Leisure despite constraint: The impact of leisure constraints on leisure participation. *Journal of leisure research*, 23(4), 301-313.

Kern, M. L., Waters, L. E., Adler, A., & White, M. A. (2015). A multidimensional approach to measuring well-being in students: Application of the PERMA framework. *The journal of positive psychology*, 10(3), 262-271.

Keyes, C. L. M. (1998). Social well-being. *Social psychology quaterly*, 61(2), 121-140.

Keyes, C. L. M. (2002). The mental health continuum: From languishing to flourishing in life. *Journal of health and social resesarch*, 43(2), 207-222.

Kim, B., Kim, S. S., & King, B. (2016). The sacred and the profane:

Identifying pilgrim traveler value orientations using means-end theory. *Tourism Management*, 56, 142-155.

Kim, H., Woo, E., & Uysal, M. (2015). Tourism experience and quality of life among elderly tourists. *Tourism Management*, 46, 465-476.

Kim, H. C., Chua, B. L., Lee, S., & Boo, H. C. (2015). Understanding airline travelers' perceptions of well-being: The role of cognition, emotion, and sensory experiences in airline lounges. *Journal of Travel & Tourism Marketing*, 1213-1234.

Kim, H. G., Cheon, E. J., Bai, D. S., Lee, Y. H., & Koo, B. H. (2018). Stress and heart rate variability: a meta-analysis and review of the literature. *Psychiatry investigation*, 15(3), 235.

Knecht, M., Wiese, B. S., & Freund, A. M. (2016). Going beyond work and family: A longitudinal study on the role of leisure in the work-life interplay. *Journal of Organizational Behavior*, 37, 1067-1077.

Knobloch, U., Robertson, K., & Aitken, R. (2017). Experience, Emotion, and Eudaimonia: A Consideration of Tourist Experiences and Well-being. *Journal of Travel Research*, 56(5), 651-662.

Kraut, R. (1979). Two conceptions of happiness. *The philosophical review*, 88(2), 167-197.

Kroesen, M., & Handy, S. (2014). The influence of holiday-taking on affect and contentment. *Annals of Tourism Research*, 45, 89-101.

Kwon, J. & Lee, H. (2020). Why travel prolongs happiness: Longitudinal analysis using a latent growth model. *Tourism Management*, 76, 1-12.

Laing, J. H., & Frost, W. (2017). Journeys of well-being: Women's travel narratives of transformation and self-discovery in Italy. *Tourism Management*, 62, 110-119.

Larsen, S. (2007). Aspects of a psychology of the tourist experience. *Scandinavian Journal of Hospitality and Tourism*, 7(1), 7-18.

Lehto, X. Y., Choi, S., Lin, Y. C., & MacDermid, S. M. (2009). Vacation and family functioning. *Annals of Tourism Research*, 36(3), 459-479.

Lehto, X., Luo, W., Miao, L., & Ghiselli, R. F.(2018). Shared tourism experience of individuals with disabilities and their caregivers, *Journal of Destination Marketing & Management*, 8, 185-193.

Lee, B. K., Agarwal, S., & Kim, H. J. (2012). Influences of Travel Constraints on the People with Disabilities' Intention to Travel: An Application of Seligman's Helplessness Theory. *Tourism Management*, 33, pp.569-579.

Lee, D. J., Kruger, S., Whang, M. J., Uysal, M., & Sirgy, M. J. (2014). Validating a customer well-being index related to natural wildlife tourism. *Tourism Management*, 45, 171-180.

Lee, H., Lee, J., Chung, N., & Koo, C. (2018). Tourists' happiness: are there smart tourism technology effects?. *Asia Pacific Journal of Tourism Research*, 23(5), 486-501.

Lee, H., & Oh, H. (2018). Well-Being Lifestyle and Consumption Value According to Consumers. *Archives of Design Research*, 31(1), 71-79.

Lee, J. C., Hall, D. L., & Wood, W. (2018). Experiential or material purchases? Social class determines purchase happiness. *Psychological Science*, 29(7), 1031-1039.

Lee. S. A., Manthiou, A., Chiang, L., & Tang, L. R. (2018). An assessment of value dimensions in hiking tourism: Pathways toward quality of life. *International Journal of Tourism Research*, 20, 236-246.

Lee, S. A., & Oh, H. (2017). Sharing travel stories and behavioral outcomes: A case of travel. *Tourism Management*, 62, 147-158.

Lee, U. L. (2004). Travel Motivation and Travel Career Pattern: A Study on Australians. *Journal of Tourism and Leisure Research*, 16(4), 163-184.

Lin, C. H. (2013). Determinants of revisit intention to hot springs destination: Evidence from Taiwan. *Asia Pacific Journal of Tourism Research*, 18(3), 182-204.

Lin, Y., Kerstetter, D., Nawijn, J., & Mitas, O. (2014). Changes in emotions and their interactions with personality in a vacation context. *Tourism Management*, 40, 416-424.

Liu, H., & Da, S. (2020). The relationships between leisure and happiness-A graphic elicitation method. *Leisure Studies*, 39(1), 111-130.

Liu, K. (2013). Happiness and Tourism, *International journal of busienss and social science*, 4(15), 67-70.

Liu, Y. D. (2016). Quality of life as event legacy: An evaluation of Liverpool as the 2008 European Capital of Culture. *Applied Research in Quality of Life*, 12, 653-670.

Loveday, P. M., Lovell, G. P., & Jones, C. M. (2018). The importance of leisure and the psychological mechanisms involved in living a good life: A content analysis of best-possible-selves texts. *The Journal of Positive Psychology*, 13(1), 18-28.

Lyu, J., Mao, Z., & Hu, L. (2018). Cruise experience and its contribution to subjective wellbeing: A case of Chinese tourists. *International Journal of Tourism Research*, 20(2), 225-235.

Lyubomirsky, S., Sheldon, K. M., & Schkade, D. (2005). Pursuing happiness: The architecture of sustainable change. *Review of general psychology*, 9(2), 111-131.

Lucas, R. E., Clark, A. E., Georgellis, Y., & Diener, E. (2004). Unemployment alters the set point for life satisfaction. *Psychological science*, 15(1), 8-13.

Luo, Y., Lanlung, C., Kim, E., Tang, L. R., & Song, S. M. (2018). Towards quality of life: The effects of the wellness tourism experience. *Journal of Travel & Tourism Marketing*, 35(4), 410-424.

Macchia, L. & Whillans, A. (2019). Leisure beliefs and the subjective well-being of nations. *The Journal of Positive Psychology*, 198-206.

Mansour, H., Aziz, W., & Said, E. H. (2018). Dimensions of Service Quality for Improvement of Employees Performance: Study in First Class Hotels in Alexandria. *International Journal of Heritage, Tourism, and Hospitality*, 12(2/2).

Mathis, E. F., Kim, H. L., Uysal, M., Sirgy, J. M., & Prebensen, N. K. (2016). The effect of co-creation experience on outcome variable. *Annals of Tourism Research*, 57, 62-75.

McCabe, S., & Johnson, S. (2013). The happiness factor in tourism: Subjective well-being and social tourism. *Annals of Tourism Research*, 41, 42-65.

McCabe, S., Joldersma, T., & Li, C. (2010). Understanding the benefits of social tourism: Linking participation to subjective well-being and quality of life. *International Journal of Tourism Research*, 12(6), 761-773.

Mctavish, J. B., MacKay, K. J., Iwasaki, Y., & Betteridge, D. (2007). Family Caregivers of Individuals with Intellectual Disability: Perspectives on Life Quality and the Role of Vacations, *Journal of Leisure Research*, 30(1), 127-155.

Michalko, G., & Ratz, T. (2010). Measurement of tourism-oriented aspects of quality of life. *Journal of Tourism Challenges & Trends*, 3(2), 35-50.

Michalos, A., Ferriss, A. L., Easterlin, R., Patrick, D., & Pavot, W. (2006). The quality of life (QOL) research movement: Past, present, and future. *Social Indicators Research*, 76(3), 343-466.

Miyakawa, E., Kawakubo, A., & Oguchi, T. (2019). Do people who travel more perform better at work?. International Journal of Tourism Research 21 (4), 427-436.

Moal-Ulvoas, G. (2017). Positive emotions and spirituality in older travelers. *Annals of Tourism Research*, 66, 151-158.

Mody, M., Hanks, L., & Dogru, T. (2019). Parallel pathways to brand loyalty: Mapping the consequences of authentic consumption experiences for hotels and Airbnb. *Tourism Management*, 74, 65-80.

Morgan, N., Pritchard, A., & Sedgley, D. (2015). Social tourism and well-being in later life. *Annals of Tourism Research*, 52, 1-15.

Moscardo, G. (2009). Tourism and quality of life: Towards a more critical approach. *Tourism & Hospitality Research*, 9(2), 159-170.

Myers, D. G., & Diener, E. (1995). Who is happy?. *Psychological science*, 6(1), 10-19.

Munt, I. (1994). Theother'postmodern tourism: culture, travel and the new middle classes. *Theory, Culture & Society*, 11(3), 101-123.

Nadirova, A., & Jackson, E. L. (1999). How do people negotiate constraints to their leisure? Results from an empirical study. In *Proceedings of the Ninth Canadian Congress on Leisure Research*, Acadia University, Wolfville (pp. 28-31).

Nawijn, J. (2010). The holiday happiness curve: A preliminary investigation into mood during a holiday abroad. *International Journal of Tourism Research*, 12, 281-290.

Nawijn, J. (2011). Determinants of daily happiness on vacation. *Journal of Travel Research*, 50(5), 559-566.

Nawijn, J., De Bloom, J., & Geurts, S. (2013). Pre-vacation time: Blessing or burden? *Leisure Sciences*, 35(1), 33-44.

Nawijn, J., Marchand, M. A., Veenhoven, R., & Vingerhoets, A. J. (2010). Vacationers happier, but most not happier after a holiday. *Applied Research in Quality of life*, 5, 35-47.

Nawijn, J. & Peeters, P.M. (2009). Travelling 'green': is tourists' happiness at stake?. *Current Issues in Tourism*, 13(4), 381-392.

Neal, J. D., Sirgy, M. J., & Uysal, M. (1999). The role of satisfaction with leisure travel/tourism services and experience in satisfaction with leisure life and overall life. *Journal of Business Research*, 44(3), 153-163.

Neal, J. D., Sirgy, M. J., & Uysal, M. (2004). Measuring the effect of tourism services on travelers' quality of life: Further validation. *Social Indicators Research*, 69(3), 243-277.

Neal, J. D., Uysal, M., & Sirgy, M. J. (2007). The effect of tourism services on travelers' quality of life. *Journal of Travel Research*, 46(2), 154-163.

Newman, D. B., Tay, L., & Diener, E. (2014). Leisure and subjective well-being: A model of psychological mechanisms as mediating factors. *Journal of Happiness Studies*, 15, 555-578.

Nicolao, L., Irwin, J. R., & Goodman, J. K. (2009). Happiness for sale: do experiential purchases make consumers happier than material purchases?. *Journal of Consumer Research*, 36(2), 188-198.

Newman, D. B., Tay, L., & Diener, E. (2014). Leisure and subjective well-being: A model of psychological mechanisms as mediating factors. *Journal of Happiness Studies: An Interdisciplinary Forum on Subjective Well-Being*, 15(3), 555–578.

Pagan, R. (2015). The impact of holiday trips on life satisfaction and domains of life satisfaction: Evidence for German disabled individuals. *Journal of Travel Research*, 54(3), 359-379.

Pagan, R. (2020). How important are holiday trips in preventing loneliness? Evidence for people without and with self-reported moderate and severe disabilities. *Current Issues in Tourism*, 23(11), 1394-1406.

Panchal, J., & Pearce, P. (2011). Health motives and the travel career pattern (TCP) model. *Asian Journal of Tourism and Hospitality Research*, 5, 32-44.

Paris, C. M., & Teye, V. (2010). Backpacker motivations: A travel career approach. *Journal of Hospitality Marketing & Management*, 19(3), 244-259.

Pearce, P. L. (1991). Analysing tourist attractions. *Journal of tourism studies*, 2(1), 46-55.

Pearce, P. L., & Lee, U. I. (2005). Developing the travel career approach to tourist motivation. *Journal of travel research*, 43(3), 226-237.

Prinsloo, G. E., Rauch, H. L., Lambert, M. I., Muench, F., Noakes, T. D., & Derman, W. E. (2011). The effect of short duration heart rate variability (HRV) biofeedback on cognitive performance during laboratory induced cognitive stress. *Applied Cognitive Psychology*, 25(5), 792-801.

Puhakka, R., Pitkänen, K., & Siikamäki, P. (2017). The health and well-being impacts of protected areas in Finland. *Journal of Sustainable Tourism*, 25(12), 1830-1847.

Pyke, J., Pyke, S., & Watuwa, R. (2019). Social tourism and well-being in a first nation community. *Annals of Tourism Research*, 77, 38-48.

Quinn, B., & Stacey, J. (2010). The benefits of holidaying for children experiencing social exclusion: Recent Irish evidence. *Leisure Studies*, 29(1), 29-52.

Rahmani, K., Gnoth, J., & Mather, D.(2018). Hedonic and Eudaimonic well-being: A psycholinguistic view, *Tourism management*, 69, 155-166.

Rahtz, D. R., & Sirgy, M. J. (2000). Marketing of Health Care Within a Community: A Quality-of-Life/Needs Assessment Model and Method, *Journal of Business Research*, 48, 165-176.

Ram, Y., Nawijn, J., & Peeters, P.M. (2013). Happiness and limits to sustainable tourism mobility: A new conceptual model. *Journal of Sustainable Tourism*, 21(7), 1017-1035.

Rivera, D. E., Fa, M. C., & Villar, A. S. (2019). Delightful tourism experiences: A cognitive or affective matter? *Tourism Management Perspectives*, 32, 1-12.

Rivera, M., Croes, R., & Lee, S. (2016). Tourism development and happiness: A residents' perspective. *Journal of Destination Marketing & Management*, 5(1), 1-15.

Ryan, C. (1998). The travel career ladder an appraisal. *Annals of tourism Research*, 25(4), 936-957.

Ryan, R. M., & Deci, E. L. (2000). Self-determination theory and the facilitation of intrinsic motivation, social development, and well-being. *American psychologist*, 55(1), 68.

Ryan, R. M., & Deci, E. L. (2001). On happiness and human potentials: A review of research on Hedonic and Eudaimonic well-being, *Annual Review of Psychology*, 52(1), 141-166.

Ryan, R. M., Huta, V., & Deci, E. L. (2008). Living well: A self-determination theory perspective on Eudaimonia. *Journal of happiness studies*, 9(1), 139-170.

Ryff, C. D. (1989). Happiness is everything, or is it? Explorations on the meaning of psychological well-being. *Journal of personality and social psychology*, 57(6), 1069.

Ryff, C. D., & Keyes, C. L. M. (1995). The structure of psychological well-being revisited. *Journal of personality and social psychology*,

69(4), 719-727.

Saayman, M., Li, G., Uysal, M., & Song, H. (2018). Tourist satisfaction and subjective well-being: An index approach. *International Journal of Tourism Research*, 20(3), 388-399.

Sangpikul, A. (2008). Travel motivations of Japanese senior travellers to Thailand. *International Journal of Tourism Research*, 10(1), 81-94.

Schmiedeberg, C., & Schröder, J. (2017). Leisure activities and life satisfaction: An analysis with German panel data. *Applied Research in Quality of Life*, 12(1), 137-151.

Schuessler K. F. & Fisher, G. A.(1985). Quality of Life research and sociology, *Annual review of sociology*, 11, 129-149.

Sedgley, D., Pritchard, A., Morgan, N., & Hanna, P. (2017). Tourism and autism: Journeys of mixed emotions. *Annals of Tourism Research*, 66, 14-25.

Seligman, M. (2018). PERMA and the building blocks of well-being. *The Journal of Positive Psychology*, 13(4), 333-335.

Seligman, M. E., & Maier, S. F. (1967). Failure to escape traumatic shock. *Journal of experimental psychology*, 74(1), 1.

Servidio, R., & Ruffolo, I. (2016). Exploring the relationship between emotions and memorable tourism experiences through narratives. *Tourism Management Perspectives*, 20, 151-160.

Sirgy, M. J. (1986). A Quality-of-life Theory Derived from Maslow's Development Perspective: 'Quality' Is Related to Progressive Satisfaction of a Hierarchy of Needs, Lower Order and Higher. *American Journal of Economics and Sociology*, 45(3), 329-342.

Sirgy, M. J. (1991). Can Business and Government Help Enhance the Quality of Life of Workers and Consumers?. *Journal of Business Research*, 22, 327-333.

Sirgy, M. J., Kruger, P. S., Lee, D. J., & Yu, G. B. (2011). How does a travel trip affect tourists' life satisfaction?. *Journal of Travel Research*, 50(3), 261-275.

Sirgy, M. J., Samli, A. C., & Meadow, H. L. (1982). The interface between Quality of life and marketing: A theoretical Framework. *Journal of Public Policy & Marketing*, 1(1), 69-84.

Smith, M. K., & Diekmann, A. (2017). Tourism and wellbeing. *Annals of tourism research*, 66, 1-13.

Song, H., & Bae, S. Y. (2018). Understanding the travel motivation and patterns of international students in Korea: Using the theory of travel career pattern. *Asia Pacific Journal of Tourism Research*, 23(2), 133-145.

Sonnentag, S., & Fritz, C. (2007). The Recovery Experience Questionnaire: development and validation of a measure for assessing recuperation and unwinding from work. *Journal of occupational health psychology*, 12(3), 204.

Sonntag-Öström, E., Nordin, M., Lundell, Y., Dolling, A., Wiklund, U., Karlsson, M., ... & Järvholm, L. S. (2014). Restorative effects of visits to urban and forest environments in patients with exhaustion disorder. *Urban forestry & urban greening*, 13(2), 344-354.

Stebbins, R. A. (1973). Physical Context Influences on Behavior: "The Case of Classroom Disorderliness". *Environment and Behavior*,

5(3), 291.

Stebbins, R. A. (1982). Serious leisure: A conceptual statement. *Pacific sociological review*, 25(2), 251-272.

Stebbins, R. A. (1997). Casual leisure: A conceptual statement. *Leisure Studies*, 16(1), 17-25.

Stebbins, R. A. (2001). The costs and benefits of hedonism: Some consequences of taking casual leisure seriously. *Leisure studies*, 20(4), 305-309.

Strauss-Blasche, G., Ekmekcioglu, C., & Marktl, W. (2002). Moderating effects of vacation on reactions to work and domestic stress. *Leisure Sciences*, 24(2), 237-249.

Su, L., Huang, S., & Chen, X. (2015). Effects of service fairness and service quality on tourists' behavioral intentions and subjective well-being. *Journal of Travel & Tourism Marketing*, 32(3), 290-307.

Su, L., Swanson, S. R., & Chen, X. (2016). The effects of perceived service quality on repurchase intentions and subjective well-being of Chinese tourists: The mediating role of relationship quality. *Tourism Management*, 52, 82-95.

Su, L., Swanson, S. R., & Chen, X. (2018). Reputation, subjective well-being, and environmental responsibility: The role of satisfaction and identification. *Journal of Sustainable Tourism*, 26(8), 1344-1361.

Tsaur, S. H., Yen, C. H., & Hsiao, S. L. (2012). Transcendent experience, flow and happiness for mountain climbers. *International Journal of Tourism Research*, 15(4), 360-374.

Udupa, K., Sathyaprabha, T. N., Thirthalli, J., Kishore, K. R., Lavekar, G. S., Raju, T. R., & Gangadhar, B. N. (2007). Alteration of cardiac autonomic functions in patients with major depression: a study using heart rate variability measures. *Journal of affective disorders*, 100(1-3), 137-141.

Uysal, M., Gahan, L., & Martin, B. (1993). An examination of event motivations: A case study. F*estival management and event tourism*, 1(1), 5-10.

Van Boven, L. (2005). Experientialism, materialism, and the pursuit of happiness. *Review of general psychology*, 9(2), 132-142.

Van Boven, L., & Gilovich, T. (2003). To do or to have? That is the question. *Journal of personality and social psychology*, 85(6), 1193.

Veenhoven, R. (2003). Hedonism and Happiness. *Journal of Happiness Studies*, 4(4), 437-457.

Vella, E. J., Milligan, B., & Bennett, J. L. (2013). Participation in outdoor recreation program predicts improved psychosocial well-being among veterans with post-traumatic stress disorder: A pilot study. *Military medicine*, 178(3), 254-260.

Vinzenz, F., Priskin, J., Wirth, W., Ponnapureddy, S., & Ohnmacht, T. (2019). Marketing sustainable tourism: The role of value orientation, well-being and credibility. *Journal of Sustainable Tourism*, 27(11), 1663-1685.

Vitterso (2004). Subjective well-being versus self-actualization: Using the flow-simplex to promote a conceptual clarification of subjective quality of life (English). *Social Indicators Research*, 65(3), 299-331.

Voigt, C., Howat, G., & Brown, G. (2010). Hedonic and eudaimonic experiences among wellness tourists: An exploratory enquiry. *Annals of Leisure Research*, 13(3), 541-562.

Wagner, L., Gander, F., Proyer, R. T., & Ruch, W. (2020). Character strengths and PERMA: Investigating the relationships of character strengths with a multidimensional framework of well-being. *Applied Research in Quality of Life*, 15(2), 307-328.

Wang, L., Hou, Y., & Chen, Z. (2021). Are rich and diverse emotions beneficial? The impact of emodiversity on tourists' experiences. *Journal of Travel Research*, 60(5), 1085-1103.

Wang, S. (2017). Leisure travel outcomes and life satisfaction: An integrative look. *Annals of Tourism Research*, 63, 169-182.

Wang, W., & Rada, R. (1998). Structured hypertext with domain semantics. *ACM Transactions on Information Systems(TOIS)*, 16(4), 372-412.

Waterman, A. S. (1993). Two conceptions of happiness: Contrasts of personal expressiveness (eudaimonia) and hedonic enjoyment. *Journal of Personality and Social Psychology*, 64(4), 678-691.

Waterman, A. S., Schwarz, S. J., & Conti, R. (2008). The implication of Two conceptions of happiness(Hedonic enjoyment and Eudaimonia) for the understanding of intrinsic motivation, *Journal of happiness studies*, 9(1), 41-79.

Watson, D., Clark, L. A., & Tellegen, A. (1988). Development and validation of brief measures of positive and negative affect: the PANAS scales. *Journal of personality and social psychology*, 54(6), 1063.

Wei, S., & Milman, A. (2002). The impact of participation in activities while on vacation on seniors' psychological well-being: a path model application. *Journal of Hospitality & Tourism Research*, 26(2), 175-185.

Wei, X., Ma, E., Jiang, K., & We, L. (2019). Pre-travel anticipation as a catalyst of happiness---do demographics matter?. *Journal of Hospitality and Tourism Management*, 40, 21-30.

Wei, X., Meng, F., & Zhang, P. (2017). Chinese citizens' outbound destination choice: Objective and subjective factors. *International Journal of Tourism Research*, 19(1), 38-49.

Wen, J., Huang, S. S., & Goh, E. (2020). Effects of perceived constraints and negotiation on learned helplessness: A study of Chinese senior outbound tourists. *Tourism Management*, 78, 104059.

Wilson, W. R. (1967). Correlates of avowed happiness. Psychological bulletin, 67(4), 294.

Woo, E., Kim, H., & Uysal, M. (2016). A measure of quality of life in elderly tourists. Applied Research Quality Life 11, 65-82.

Wu, T.-C., Lin, Y.-E., Wall, G., & Xie, P. F. (2020). A spectrum of indigenous tourism experiences as revealed through means-end chain analysis. Tourism Management, 76, 103969.

Yu, J., Li, H., & Xiao, H. (2020). Are authentic tourists happier? Examining structural relationships amongst perceived cultural distance, existential authenticity, and wellbeing. I*nternational Journal of Tourism Research*, 22(1), 144-154.

Ziller, R. C.(1974). Self-other orientations and quality of life, *Social Indicators Research*, 1, 301-327.

〈도서 및 보고서〉

Allport, G. W. (1961). *Pattern and growth in personality.* Holt, Reinhart & Winston.

Bauer, J. J. (2008). How the ego quiets as it grows: Ego development, growth stories, and eudaimonic personality development. In H. A. Wayment & J. J. Bauer (Eds.), *Transcending self-interest: Psychological explorations of the quiet ego* (pp. 199–210). American Psychological Association.

Brickman, P., Campbell, D. T., & Appley, M. H. (1971). *Adaptation level theory: A symposium.* Academic Press.

Buhler, C., & Massarik, F.(1968). *The course of human life: A study of goals in the humanistic perspective.* Springer.

Buruno, F. J. (1983). *Adjustment and personal growth: Seven Pathways.* Wiley.

Campbell, A., Converse, P. E., & Rodgers, W. L. (1976). *The Quality of American Life: Perceptions, Evaluations, and Satisfactions.* Russel Sage Foundation.

Cantril, H. (1965). *The pattern of human concerns.* Rutgers University Press.

Carlson, J. G., & Hatfield, E. (1992). P*sychology of emotion.* Harcourt Brace Jovanovich.

Chard, C. (1999). *Pleasure and Guilt on the Grand Tour: Travel writing and imaginative geography, 1600-1830.* Manchester University Press.

Compton, W. C. (2005). *An Introduction to Positive Psychology.*

Belmont, CA: Thomson Wadsworth.

Cooper, C., Fletcher, J., Fyall, A., Gilbert, D., & Wanhill, S. (2008). *Tourism: principles and practice*. Financial Times Management.

Deci, E. L., & Ryan, R. M. (2013). *Intrinsic motivation and self-determination in human behavior*. Springer Science & Business Media.

Easterlin, R. A. (1974). Does economic growth improve the human lot? Some empirical evidence. In P. A. David, & M. W. Reder, (Eds.). *Nations and households in economic growth* (pp. 89-125). Academic Press.

Ehrenreich, B. (2009). *Bright-sided: How the relentless promotion of positive thinking has undermined America*. Metropolitan Books.

Erikson, E. H. (1959). *Identity and the life cycle*. International Universities Press.

Fox, K. S. (1974). *Social Indicators and Social Theory: Elements of an Operational System*, Wiley.

Franklin, A. (2003). *Tourism: an introduction*. Sage.

Fredrickson, B. (2009). *Positivity: Top-notch research reveals the 3-to-1 ratio that will change your life*. Harmony.

Hooker, M. B. (1976). *The personal laws of Malaysia: An introduction*. Oxford University Press.

Huta, V. (2013). Eudaimonia. In S. A. David, I. Boniwell, & A. Conley Ayers (Eds.), *The Oxford handbook of happiness* (pp. 201–213). Oxford University Press.

Inglehart, R. (1990). Values, ideology, and cognitive mobilization in new social movements. In R. J. Dalton & M. Kuechler (Eds.), *Challenging the Political Order* (pp. 23-42). Oxford University Press.

Iso-Ahola, S. E. (1980). *The social psychology of leisure and recreation*. W. C. Brown Co. Publishers.

Iso-Ahola, S. E. (1989). Motivation for Leisure. In E. L. Jackson & T. L Burton (Eds.), *Understanding Leisure and Recreation: Mapping the Past, Charting the Future: Mapping the past, charting the future* (pp. 247-279). Venture Pub.

Jahoda, M. (1958). *Current concepts of positive mental health*. Basic Books.

Jung, C. (1933). *Modern man in search of a soul*. Kegan Paul Trench Trubner.

Keyes, C. L. M. (2003). Complete mental health: An agenda for the 21st century. In C. L. M. Keyes & J. Haidt (Eds.), F*lourishing: Positive psychology and the life well-lived* (p. 293–312). American Psychological Association.

Lewin, K. (1951). *Field theory in social science: Selected theoretical papers*. Harper.

Lucas, R. E., & Diener, E. (2003). The happy worker: Hypotheses about the role of positive affect in worker productivity. In M. Barrick & A. M. Ryan (Eds.) *Personality and work: Reconsidering the Role of Personality in Organizations* (p.30-59), Pfeiffer.

MacCannell, D. (2011). *The ethics of sightseeing*. Univ of California Press.

Maslow, A. H. (1968). *Toward a psychology of being*. D. Van Nostrand Company.

Maslow, A. H. (1970). *Motivation and Personality* (2nd ed.). Harper & Row.

McGillivray M. & Clarke, M. (2006). *Understanding Human Well-Being*.

United Nations University Press.

Michalos, A. C. (2003). Job satisfaction, marital satisfaction and the quality of life: A review and a preview. In *Essays on the quality of life* (pp. 123-144). Springer.

Neugarten, B. L. (1968). *Middle age and aging*. University of Chicago press.

Neugarten, B. L. (1973). Personality change in late life: A developmental perspective. In C. Eisdorfer & M. P. Lawton (Eds.), *The psychology of adult development and aging* (p. 311-335). American Psychological Association.

OECD. (2013). *How's Life? 2013 Measuring Well-Being*. OECD Publishing.

Pearce, P. L. (1988). *The ulysses factor: Evaluating visitors in tourist settings*. Springer-Verlag.

Pearce, P. L. (1993). Fundamentals of tourist motivation. In D. Pearce, & R. Butler (Eds.), *Tourism Research: Critiques and challenges* (pp. 113-143). Routledge.

Rogers, C. (1961). *On becoming a person: A therapist's view of psychotherapy*. Constable.

Ryff, C. D., & Singer, B. (2003). Flourishing under fire: Resilience as a prototype of challenged thriving. In C. L. M. Keyes & J. Haidt (Eds.), *Flourishing: Positive psychology and the life well-lived* (pp. 15-36). American Psychological Association.

Seligman, M. (2010). *Flourish: Positive psychology and positive interventions*. The University of Michigan.

Seligman, M. E. P. (1975). *Helplessness: On depression, development and death*. W H Freeman/Times Books/ Henry Holt & Co.

Seligman, M. E. P. (2011). *Flourish: A visionary new understanding of happiness and well-being.* Free Press.

Shields, R. (1992). *Places on the margin: Alternative geographies of modernity.* Routledge.

Statista. (2020). *Travel & Tourism Report 2020.* Statista.

Stebbins, R. A. (1992). *Amateurs, professionals, and serious leisure.* McGill-Queen's Press-MQUP.

Thoits, P.A. (1985). Social Support and Psychological Well-Being: Theoretical Possibilities. In I. G. Sarason & B. R. Sarason (Eds.), *Social Support: Theory, Research and Applications. NATO ASI Series*, vol 24. Springer.

Tinkler, L., & Hicks, S. (2011). *Measuring subjective well-being.* Office for National Statistics.

Voigt, C., & Pforr, C. (2014). Wellness Tourism from a Destination Perspective: Why Now? In C. Voigt & C. Pforr (Eds.), *Wellness tourism: A destination perspective* (pp. 3-18). Routledge.

Wasserman, S., & Faust, K. (1994). S*ocial network analysis: Methods and applications.* Cambridge University Press.

World Health Organization. (2012). *The World Health Organization Quality of Life (WHOQOL).* WHO.

World Tourism Organization. (2017). *UNWTO Tourism Highlights: 2017 Edition.* UNWTO.

World Tourism Organization. (2018). I*nternational tourism highlights, 2018 Edition*, UNWTO.

World Tourism Organization. (2020). *International tourism highlights, 2019 Edition*, UNWTO.

World Travel and Tourism Council. (2020). *Travel & tourism - Global Economic Impact & Trends 2020*. WTTC.

〈기타〉

Crompton, N. B. (2020, May 4). *Go ahead and post your old travel photos. Experts say it can improve your mood*. The Washington Post. https://www.washingtonpost.com/travel/tips/go-ahead-post-your-old-travel-photos-experts-say-it-can-improve-your-mood

Gielan. M. (2020). *Planning Travel Creates Happiness*. Institute for Applied Positive Research. https://www.ustravel.org/sites/default/files/media_root/document/PlanningTravel_MichelleGielan.pdf

Office for National Statistics. (2021). *Personal well-being in the UK, qurarterly: April 2011 to September 2020* [Data set]. https://www.ons.gov.uk/peoplepopulationandcommunity/wellbeing/bulletins/personalwellbeingintheukquarterly/april2011toseptember2020

Outdoorsy. (2020, September 14). *Outdoorsy's road to wellness survey: The health and happiness benefits of RV travel*. https://www.outdoorsy.com/blog/road-to-wellness-report

Poulpita. (2016, October 17). *About pleasant, good and meaningful life....* https://poulpita.com/2016/10/17/about-pleasant-good-and-meaningful-life

Queen Mary University of London. (2020, May 6). *Tourists who experience a range of emotions enjoy a greater sense of well-being, according to New Study*. https://www.qmul.ac.uk/media/news/2020/hss/

tourists-who-experience-a-range-of-emotions-enjoy-a-greater-sense-of-well-being-according-to-new-study.html

Rux, C. (2019, October 15). *Study finds that traveling actually makes you happier than getting married*, Travelwires. https://www.travelwires.com/study-finds-that-traveling-actually-makes-you-happier-than-getting-married

Schlaefer, A. (2019, November 20). *Dignity Health Launches 'Travel Kind' iniziative to encourage travelers to spread kindness this holiday season*. Business Wire. https://www.businesswire.com/news/home/20191120005294/en/Dignity-Health-Launches-%E2%80%98Travel-Kind%E2%80%99-Initiative-Encourage

Seligman, M. & Royzman, E. (2003, July). *Happiness: The three traditional theories*. University of Pennsylvania. https://www.authentichappiness.sas.upenn.edu/newsletters/authentichappiness/happiness

Stone, G. (2020, May 20). *Can planning your next trip make you happier?*. Newsletters. https://www.nationalgeographic.com/newsletters/travel/article/can-planning-next-trip-make-happier-may-19

Travers, M. (2020. January 21). *Researcher shows that spending money makes people happier than making money*. Forbes. https://www.forbes.com/sites/traversmark/2020/01/21/why-showing-off-our-wealth-makes-us-happier-than-wed-like-to-admit/#3ba5e1fc2c1b

역자 소개

이훈

Pennsylvania State University에서 관광·여가학 박사 학위를 취득하고, 현재 한양대학교 관광학부 교수로 재직하고 있다. 또한, 한국관광학회 회장, 한양대학교 국제관광대학원장을 맡으며, 우리나라 관광에 대한 정책 자문과 연구활동을 수행하고 있다. 한양대학교 관광연구소 행복여행센터장으로 한국연구재단의 지원을 받아 장기간 여행행복 연구를 진행하고 있다.

박창환

한양대학교 관광학과에서 관광학 박사 학위를 취득하고, 현재 동서대학교 관광경영컨벤션학과에서 조교수로 재직 중이다.

황영주

한양대학교 관광학과에서 관광학 박사 학위를 취득하고, 현재 한양대학교 관광연구소에서 연구교수로 재직하며 여행행복, 레저, 여행자 행동, 국제관광 관련 연구를 수행하고 있다.

저자와의
합의하에
인지첩부
생략

여행행복론: 여행으로 행복해지다

2022년 6월 20일 초판 1쇄 인쇄
2022년 6월 25일 초판 1쇄 발행

지은이 이 훈 · 박창환 · 황영주
펴낸이 진욱상
펴낸곳 (주)백산출판사
교 정 박시내
본문디자인 오행복
표지디자인 오정은

등 록 2017년 5월 29일 제406-2017-000058호
주 소 경기도 파주시 회동길 370(백산빌딩 3층)
전 화 02-914-1621(代)
팩 스 031-955-9911
이메일 edit@ibaeksan.kr
홈페이지 www.ibaeksan.kr

ISBN 979-11-6567-537-0 03980
값 18,500원